Lidia Ravera

IN QUALE NASCONDIGLIO DEL CUORE

Lettera a un figlio adolescente

Con tutta la stima
e l'affetto che ho x te
Auguroni [illegible]

ARNOLDO MONDADORI EDITORE

ISBN 88-04-37356-3

I edizione settembre 1993

INDICE

IN QUALE NASCONDIGLIO DEL CUORE

Potrei forse cantarti senza orgoglio
quando sei tu di me la miglior parte?
Se mi lodo, qual pregio ne otterrò?
E il vantarti, che è se non vantarmi?
E dunque separiamoci, né il caro
nostro amore sia più una cosa sola...

WILLIAM SHAKESPEARE, *Sonetto* XXXIX

I

LA TUA VOCE STA CAMBIANDO

La tua voce sta cambiando. Sembri costantemente affetto da raucedine. Di recente il tuo rapporto con le chiavi di casa ha perso d'enfasi. Non sei più così orgoglioso di possedere qualcosa che apre la nostra porta. Ricevi molte telefonate. Quando partiamo porti il tuo zainetto come sempre, ma anche la mia valigia. Esprimi giudizi estetici pertinenti. I tuoi gusti non sono più criterio assoluto di valutazione. Cresci e ti fai più sottile, come se una mano invisibile non cessasse un istante di tirarti per i capelli verso il cielo, dopo averti inchiodato i piedi sulla terra. Certe volte sei triste, anche prima certe volte eri triste, ma adesso quando sei triste lo sai, percepisci la tua tristezza e ti sfiora, di tanto in tanto, una bordata di risentimento.

Il tuo viso è diventato disomogeneo, come un negozietto di paese espone la merce più disparata: ombre di baffi da uomo, guance paffute da bambino, occhi limpidi come un souvenir da altri mondi, sguardi da vita quotidiana un po' torvi e già annoiati. Ogni giorno sei percettibilmente diverso dal giorno precedente. E per questo mi scopro a invidiarti. Alla mia età si procede per decenni. Il prossimo mutamento lo aspetto al tocco della cinquantina. Giorno per giorno posso contare solamente sul fascino discreto dell'usura: la pelle più sottile sotto gli occhi, carni più frolle, smottamenti del tono muscolare... Non fare quella faccia, la conosco. Non dovrai consolarmi per la distanza che mi separa da Sua Maestà La Ragazza. Anzi, se una richiesta posso farti, si tratta esattamente del contrario: vorrei buttarla a mare la ragazza, se tu, cortesemente, mi sostieni nello sforzo.

Appartengo a una generazione, e scusa la formula un po' logora, che ha sovrastimato con vigore la giovinezza, quasi fosse una patente di superiorità: ontologicamente puliti, progressisti per essenza, agili e adatti al mutamento perché marginali al sistema che condiziona gli adulti, i giovani erano il popolo eletto, la razza superiore, la casta che avrebbe dominato il nuovo mondo, che avrebbe condotto il cambiamento.

Avevo poco più degli anni che hai tu adesso. Mi auguro che capiti anche a te, è confortevole sentirsi coincidere col meglio. Forse non ti capiterà. Vivi un tempo avaro di illusioni giovanili.

Ti sarà più facile dopo, consolati, dare le dimissioni da ragazzo.

Non sarai come me, che a quarant'anni non ho ancora smesso il lutto. Mi tengo dei piccoli sermoni: «Due sono le qualità della giovinezza: l'energia corporea di cui dispone, la caducità cui va inevitabilmente soggetta. Tutto qui. Niente che possa alimentare rimpianti cronici, nostalgie paralizzanti».

Mi tengo dei sermoni e non mi credo. È dura da superare col cervello l'antica sicumera, il valore presunto del non-crescere.

Ieri, mentre mi guardavo attonita allo specchio, mi hai apostrofata con la tua voce nuova, che rende rude anche la gentilezza.

«Ti serve tutto o posso pettinarmi?»

Ti ho fatto posto, muovendo verso il margine sinistro, e ho guardato, me e te, noi, uno accanto all'altra, madre e figlio, riflessi. Tu più alto, io più attenta. Tu alla tua immagine hai riservato due colpi di spazzola, uno sguardo amabilmente disinteressato. Io passavo in rassegna i miei lineamenti come un generale le postazioni nemiche. La rivelazione mi ha colpita all'improvviso: adesso sei tu l'eroe dell'epopea di cui non riesco a liberarmi. Il giovane. L'adolescente meraviglioso.

Ti ho guardato e mi sei apparso più importante che mai: avevi fretta e tuttavia non avevi nulla da fare. Una combinazione di impeto e disponibilità guidava i tuoi movimenti, un intransitivo vigore in pigra ricerca del suo scopo: un'impresa qualunque. Impeto e disponibilità, il formidabile amalgama, la vecchia ricetta della rivoluzione. Hai detto qualcosa che adesso non ricordo, forse non ti ascoltavo. Mi hai sorriso a disagio nel sentirti osservato. Mi sei apparso fragile, esposto e tuttavia benedetto dalla grazia come tutti i principianti. Mi sei apparso grande e piccolissimo.

Te ne eri andato già da un pezzo, e io, nello specchio che non ti rifletteva più, continuavo a guardarti. Una parte di me che si distacca, dal mio corpo, dal mio potere di omologazione, dalla difesa vischiosa della mia protezione assoluta.

«Il nostro noi» ho detto alla tua assenza, «si sta modificando. Io sarò più lenta, tu più svelto. Fine del blocco unico, tipo Pietà di Michelangelo, scendi dal mio grembo di marmo.»

Un *insight* nella stanza da bagno, in occasione di due colpi di spazzola, prosaico e poco pertinente, come sempre.

La nostra storia di figlio e di madre è un susseguirsi di anticlimax, emozioni virate a scherzo, affettuosità da camerati, bisticci in luogo delle doverose reprimende. Ti ho messo al mondo e ti ho trattato da fratello, per rallentare il processo di assunzione di responsabilità. Fa parte dei miei trucchi per non crescere. Ne vuoi sapere altri?

Te li confesso volentieri.

Ho coltivato con accanimento ogni forma di irrequietezza e bizzarria. Ho negato e criticato. Ero sempre in salvo, io, mi chiamavo fuori. Responsabili erano gli altri. I grandi. Quelli nati prima (ce n'è sempre, anche quando si è decrepiti), quelli che si erano accomodati nella vita, con agio, con le posate d'argento, gli orari per i pasti, gli stipendi, le rate, le pellicce, quelli che santificavano le feste e frequentavano i colleghi e partecipavano alle riunioni di condominio e parlavano sempre di soldi. Quelli che non sapevano guardare senza incollare gli occhi al mirino della macchina fotografica, che parlavano poveramente come seguissero manuali di conversazione, i non leggenti, i senza passione, gli ipocriti, i carrieristi, i noiosi in cerca di svaghi organizzati... Ho inventato un'immagine di adulto che mi permettesse di differenziarmi in eterno, di giocare in eterno alla ragazza, mi sono nutrita della paura che invecchiare volesse dire coincidere con l'immagine inventata. Spero che tu sia più saggio, meno recalcitrante a diventare uomo.

Ma spero anche che tu possa goderti tutto il lusso di una sontuosa adolescenza. Che tu sia egocentrico e innamorato di te stesso, curioso, generoso, incredulo, megalomane, coraggioso, convinto di essere unico, ciclotimico di irriferibili allegrie e incomunicabili disperazioni. Spero che tu riesca a liberarti di me, a mandarmi al diavolo, a ridurre l'indiscreta pressione del mio amore, a delineare altrove un tuo io che abbia tuo padre e me soltanto nella storia, nella riserva della banca dati.

Ti aiuterò, se mi riesce, imparando ad adeguarmi: né complice sorella, né martire padrona, né simbiotica a oltranza, una madre da ragazzo. Solida, poco ingombrante, capace di sparire e riapparire, capace di cercare, nel disordine attivo di progetti non selezionati, sogni da condividere e raccomandazioni alla memoria, una parentesi muta.

La tua voce sta cambiando, anche la mia deve farsi più discreta.

Tu sei grande, ti ho visto nello specchio.

Di conseguenza, come mi hai, scherzando, chiesto, «provo a chiudere il becco», finalmente.

Non arrabbiarti se non sarò subito perfetta.

Dovrò imparare a perderti di vista, io che ti ho sempre seguito con lo sguardo, ininterrottamente appassionata del mistero d'averti messo al mondo.

Dovrò imparare ad aspettarti, a ritrovarti quando ricompari, a non cercarti, se non sei tu a cercarmi.

Stai per entrare in quella fase della vita in cui fare fiasco da soli è più salubre, più utile e più bello che vincere una partita da bambini, facilitata dai consigli, truccata da vantaggi di famiglia.

Devo ridurre gli interventi: meno domande, curiosità, precetti, meno incursioni armate di confronti, nel territorio della tua neonata autonomia.

Ti osservo, ed è come se dovessi salutarti. Sei qui, ma stai partendo per un viaggio. Per quanti sforzi faccia non posso fare a meno di parlarti. Sento l'urgenza di dirti tutto insieme: il poco che è rimasto delle perfette spiegazioni di un tempo, i dubbi, le convinzioni che permettono di convivere coi dubbi, e i trucchi che fan le veci delle convinzioni, nei momenti in cui questo è necessario.

Non sarà una cosa lunga.

Non sarà neppure molto seria.

E certamente non sarà pesante.

È un viatico, o forse una provvista. Quanto può essere di aiuto, di conforto o di sostegno in un'impresa.

Qualcosa di caldo, qualcosa di forte. Qualcosa da leggere.

II

PRIMA CHE LA VITA COMINCI

Confesso che ti ho sempre parlato, di te, di me, di come eri nato, di come eravate nati tutti, voi, figli delle donne come noi, fra le prime a sputare sul santino della madre.

Come Caligola, che nominò senatore il suo cavallo, ti ho promosso interlocutore nella culla. In conseguenza diretta di una leggera ma persistente presunzione, ho rifiutato di sottomettermi a qualunque forma di censura o materna cautela nel parlarti:

«Per leggerezza e per curiosità, sei nato, perché a non farla, l'esperienza mi sarebbe mancata. Potevo non tenerti e ti ho tenuto. Niente di cui montarsi la testa, bambino», dicevo. «Non so come sia nascere perché non mi ricordo, ma farsi madre è un'avventura psichedelica; ho dieci sensi, percepisco la realtà per sfumature mai immaginate, suoni interiori, sentimenti, panico...»

Parlavo. Tu, rapito, attento, partecipe, non mi ascoltavi. Ti interessava, fondamentalmente, un dito, l'indice, se non vado errata, acchiapparlo e mettertelo in bocca.

Ti descrivevo la fine della cultura e della natura (stavano già finendo e oggi non hanno ancora finito di finire), mi rispondevi cantando le vocali. Eri in piena lallazione, tu, io militavo nell'apocalisse.

«Non la vedi, bambino, la sporca ineguaglianza, la meschinità, il fango, la noia, la barbarie? Non c'è futuro, l'ozono è devastato, le foreste sono ridotte in ciocchi, la miseria ci accerchia, ci nutre il consumismo, ci ammazzerà la polluzione.»

Dichiaravo di amarti in mille modi, in altrettanti mi dichiaravo pazza, per averti condannato a stare al mondo.

Era il tramonto degli anni settanta, e noi, le nuove mamme, ci si approssimava alla trentina. Si indeboliva delle prime smagliature l'autarchia emotiva della piena giovinezza.

Prima generazione di egocentriche confesse, avanguardia assoluta nella guerra per la valorizzazione del piacere femminile, eravamo scanzonate e neurolabili, allegre come chi è fabbro del proprio destino, negate alla passività, recalcitranti alla rinuncia.

Ci piaceva molto aver fatto dei bambini, ma non eravamo allineate, non marciavamo nella tradizione. Leggevamo certi libri sulle modalità dell'accudirvi: ogni gesto, il modo di porgere il biberon, la luce sul lettino, il caldo, il freddo, la scelta delle musiche, i piedi nudi, il colore dei golfini (né rosa né azzurro, giallo, contro i ruoli sessuali), il pianto, il capriccio, il sonno, il battesimo, papà Natale, tutto era analizzato e giudicato.

Era come dare l'assalto al palazzo d'inverno, una per una, separatamente, una rivoluzione da camera, intima, incruenta.

Se l'Uomo Nuovo toccava partorirselo, che così fosse.

Non era da noi, tirarci indietro. Chine su culle rustiche o riciclate da altri usi (la tua, prima di te, aveva contenuto frutta, adesso contiene giornali), come un disciplinato piccolo esercito in formazione sparsa, ci impegnavamo a elaborare una puericultura alternativa, con impeto pari al rifiuto per un mondo che non si era lasciato cambiare.

In pubblico era relativamente facile, ostentare sicurezze per contrasto, l'abitudine a dare battaglia, contratta da ragazze, aiutava a marcare il territorio.

In privato, ti ricordi? no, non puoi ricordarti, eri troppo piccolo, in privato, mio caro, era un disastro: crescere figli, vecchio artigianato femminile, trasmesso per tradizione orale, esempio e collaborazione diretta, era, per noi, qualcosa da inventare.

Eravamo madri senza madre. Forzate del nuovo, grandi liquidatrici del passato. I sensi di colpa erano come tarli, e se avessero avuto ragione le altre?

Allevate nella cultura dell'autocancellazione femminile, decise a restare protagoniste della nostra vita, eravamo eroine della rifondazione familiare o pasticcione, qua e là cattive? Te le ricordi le crisi di smarrimento? E i miei esasperati rovelli: chi sono, chi è questo coso, che ne faccio, come diventerà, che gli dico, come lo guarisco. E subito dopo la lamentosa tenerezza: dolce zavorra ti chiamavo, mio amoroso impedimento. E l'ansia, ahimè, naturalmente, l'ansia era un autentico dolore, che tu potessi smettere di respirare, poiché misteriosamente eri nato che misteriosamente potessi o dovessi scomparire, dato che certamente non ti avevo meritato. Ma soprattutto la gioia selvaggia, questa sì me la ricordo e in qualche modo anche tu devi averla percepita: quell'amore senza dubbi e senza competizione che quasi mai una donna riesce a provare per un uomo sortito dal ventre di un'altra.

Spingevo il passeggino e ti parlavo e mi pavoneggiavo, parlandoti, come una ragazza con un abito nuovo. Grata della manifesta intimità che ci legava, così magicamente preverbale, non riuscivo a stare zitta un minuto. Esibivo la nostra amicizia così particolare, come un attestato di qualità della mia vita, quasi ti usavo per la mia propaganda culturale. Ti ricordi qualcosa dei nostri primi anni insieme? Se te lo chiedo, sei amabilmente vago: «Niente», dici, «eri abbastanza simpatica».

Un bel sollievo, fino ai tre anni non ti ho danneggiato. Tu crescevi e io restavo ragazza, ben conservata dalla logorrea.

Era per questo, sai, che ti parlavo, che ho continuato, che parlo ancora adesso: affettazione di affinità, il potere taumaturgico del dialogo, ma soprattutto quel piano orizzontale di rapporto fra noi, che scaricava me dalla responsabilità di essere madre e te dalla solitudine di figlio. Essere piccoli insieme, guardare dal basso in alto i grandi, giudicandoli, era questo il mio progetto educativo. Non eravamo, in fondo, tutti e due, diversi dalla razza dei padroni? Tu bambino, io donna.

Ti derubavo della tua piccolezza, in cambio offrivo la mia differenza.

Fino a sei anni sei stato un complice perfetto. A nove hai cominciato a dubitare. In quarta elementare, svolgendo un tema sulla mamma, hai scritto di me queste parole:

«È come una bambina che però ha il potere di un'adulta». Il potere era decidere e comprare. Bambina era tutto il resto: ridere, scrivere, parlare e darsi i baci. Era tuo, l'ordine di importanza. Io, ridere, forse, non l'avrei selezionato fra i pregi da bambina. Lo facevo per te, era per te che ridevo. Quindi era un'attività adulta. Ridevo perché ho sempre pensato che, dopo il bisogno della voce e del corpo della madre, i bambini hanno bisogno di risate. Hanno il terrore della malinconia. Per il resto concordavo, scrivere e raccontare è da bambini. Parlare, per la precisione, è un antidoto: era parlando che allargavo i confini, che prolungavo i termini, che mi dibattevo contro il tempo. Tuo padre ci sgridava: state attenti, che poi le parole finiscono. È da cicale parlare troppo. Tu ci credevi e ammutolivi, io no, però ci credo adesso. Si invecchia avvicinandosi al silenzio. Ma gli anni aiutano a valorizzarlo. Sono sempre meno le parole che appaiono necessarie, utili, anche soltanto belle. Ma questo è un discorso che non ti riguarda. Non ancora.

Non è stata una brutta infanzia la nostra, la tua di bambino, la mia di madre per bambini, spettacolo pomeridiano, caramella, fiaba. Il mondo era un luna park da frequentare di giorno, tenendoci per mano, si sceglievano giochi non pericolosi, i baracconi in cui ero già stata, le storie con un buon finale. I miei amici erano zii e zie, tutto un intreccio di affinità elettive sostituiva la famiglia allargata che non esiste più, la parentela che avevo rifiutato. Padri ne avevamo in tutto due: il mio e il tuo, per cui nutrivo il massimo dell'amore possibile per me (stargli vicino e rompergli i coglioni). Come madri c'era la mia, tua nonna, e ce la facevamo bastare. Il male era sempre fuori, ci riguardava quanto un dramma nella televisione. Qualcosa che si può sempre non guardare. Per scaramanzia, per rafforzare contro la malasorte, i muscoli preposti al sorriso, ti raccontavo le «storie spaventose». Se avevi una scarpa slegata, ti dicevo: lo sai di quel bambino che nel luglio dell'ottantatré si pestò con un piede una stringa e cadde sulle ginocchia e se le ruppe e dalle ossa che stavano in pezzettini come vetro scoppiato sulla strada incominciò a uscire un liquido verde che fece un buco nel selciato e in quel buco quel bambino cadde a precipizio risucchiato dalla fine della terra senza potersi più fermare giù giù fino a un prato senza un filo d'erba dove c'erano un sacco di persone noiose?

Era un bel sollievo, parlare con la certezza matematica di non essere creduta.

Per esempio: «Sei nato dal mio piede perché eri stufo di starmi nella pancia».

Oppure: «Quando eri dentro di me certe volte ti venivo a trovare».

«Dove?»

«Nella tua casa.»

«E com'era la mia casa?»

«Marrone.»

«E tu come ci entravi?»

«Dalla porta.»

«E la porta dov'era?»

«Negli occhi.»

«I tuoi?»

«Ovvio, per entrarci mi bastava guardarmi nello specchio.»

Si può passare tutta una vita a rimpiangere il piacere di avere per interlocutore un bambino che non abbia superato i quattro anni. Dopo, non è che l'idillio muoia, però si riduce e si complica. La benevolenza con cui lui ti ascolta non è più così assoluta. Lentamente, inderogabilmente, cominci a manifestarti ai suoi occhi come parte della categoria cui appartieni: gli adulti, gli altri. Spararle grosse, s'intende, è sempre possibile, ma si corre il rischio di essere credute. La scuola, per quanto elementare, semina i suoi cànoni. Le sue nozioni di realtà. Non sempre si tratta di ingredienti essenziali per vivere.

Spesso, con l'aritmetica e la grammatica, non viene insegnato nient'altro. Talvolta accade il miracolo e la maestra, come una ragazza che si chiamava Patrizia, spende per i piccolissimi esseri umani grazie ai quali si guadagna lo stipendio, rispetto e attenzione. Allora i bambini fioriscono e in cinque anni passano dalla preistoria alla storia contemporanea, non soltanto sul sussidiario. Prima erano barbari e alla fine sanno come si deve stare, in classe, a scuola, al mondo. Uccelli rari, le buone maestre, volano ogni tanto sopra le scuole elementari, praticamente mai sul tetto delle maledette scuole medie. Le maledette scuole medie sono il luogo dell'ammucchio indiscriminato, un edificio di contenzione del disordine ormonale che accompagna il declinare dell'infanzia. Sono «dell'obbligo» quindi tocca farle. Sanno di battuta d'arresto, come il servizio militare. Tu le devi, per obbligo, frequentare, ma loro, a che cosa si obbligano? Leggere, scrivere e far di conto, si impara dai cinque anni ai dieci. Se scegliere il greco, la matematica o le professionali, si decide tre anni dopo. A che cosa servono le scuole medie? Che cosa sono obbligate a insegnare? L'ideale sarebbe stimolare qualche passione. E che la passione potesse determinare le scelte del dopo. Oppure no, ma comunque accompagnare, come un sollievo, la vita che è anch'essa un obbligo, come la scuola media, ma dura, mediamente, altri sessantasette anni.

Io, madre-caramella felice, e madre-elementare paziente, sono stata una madre-media apprensiva e irritabile.

Ti vedevo triste.

Dicevi: perdo tempo. Dicevi anche: mi annoio. Ma non era mai vera noia, la grazia sonnolenta dei bambini che sanno di avere tutto il tempo dalla loro e lo guardano mentre si arrampica adagio sulle sbarre della scuola, innocuo come una coccinella, non feroce come sarà dopo. Era una solitudine improvvisa.

Professori a corto di parole convincenti si inabissavano in inferni di insinuazioni minacciose: vedrete agli esami di ammissione che catastrofe, e che punizione la scuola superiore, e che dolore la vita. Quale fosse il fine di tanta fantasia demolitrice non mi era chiaro allora e non lo è adesso. Gli insegnanti insegnavano poco. Una si lamentava della sua carriera di cantante naufragata per far posto a cotanta missione. Un'altra rimpiangeva i ragazzi di una volta. Tutte quante si lamentavano di voi. Gli sbandati-disordinati-e-sporchi, i rissosi-ignoranti, i pigri. E anche i privilegiati, che, «signora mia è proprio un peccato», avrebbero dovuto fare di più. Guardi quei poveri «altri», e lui-o lei-con quella parlantina da avvocato, con quella testolina da pittrice...

Per un motivo o per l'altro, la classe era per loro, per le non-insegnanti, un'impresa già persa in partenza, un disastro annunciato, una catastrofe naturale. E loro ci perdevano gli occhi, si scarnificavano la gola, si massacravano di fatica! Ogni colloquio coi parenti era uno sproloquio sulle loro inutili vocazioni, sulle vite grame, come sacerdotesse fra i lebbrosi, come tante Terese di Calcutta, si atteggiavano a martiri. Di che cosa? Fra malattie, esaurimenti, permessi speciali, corsi di riqualificazione e gite ministeriali, lavoravano un po' meno della metà di un'operaia. Le classi, al massimo, contavano dodici, quindici selvaggi l'una. Considerato che non erano armati, il numero non risultava soverchiante.

«Leggete da pagina trenta a trentacinque, da ventidue a cinquantasette. Ripetete con parole mie.»

Che cura di disincentivazione alla conoscenza, la media-obbligatoria-scuola! Ne siamo usciti, tu e io, con le chiacchiere congelate in schemi. Poche frasi mie di solidarietà, su cui tu rilanciavi in preda a un sindacalismo forsennato, un odio di casta di ragazzi, non contro le cattedre antiche, deposito di autoritarismo e selezione, bensì contro le attuali, della depressione e della noia. Contro le minacce e contro il vuoto. Contro gli altisonanti giudizi espressi in pura sociologia barocca su pagelle che discriminavano, in base al possesso del vocabolario italiano, non i ragazzi, ma i loro genitori. Contro il disprezzo quotidiano delle regole del vivere sociale. Prima fra tutte: non far pagare ai discepoli il costo del fallimento dei maestri, non urlare, non insultare.

I resoconti di fine giornata erano bollettini di guerra.

«Ci ha detto che eravamo dei cretini.»

«Oggi era in buona, ha detto che eravamo migliorati.»

«Dice che nessuno passerà, che siamo condannati. La strada, la galera.»

E una mattina una classe di angeli.

Io, la chiacchieratrice indemoniata, l'autore unico di tutto un èpos di storie spaventose, la madre orizzontale, sorella a suo figlio e pertanto irresponsabile, ho taciuto un momento, e mi sono imposta di ascoltare.

Parlavi riluttante, con un senso, quasi, di destino accorciato. Con un pudore, già prossimo al disagio di essere grande, di doverti fermare a fare congetture su di te, a darti un nome. Appena tuo padre passava per la stanza, ti svagavi a parlare di calcio, baseball, basket, pallanuoto. Qualunque gergo ti veniva buono, per sfuggire alla malinconia di raccontarti. Restavamo così, per un po', come sospesi nel vuoto. Tu con la sensazione della fine di una corsa, io, per la prima volta, con quella d'aver prodotto un uomo. Parlavi in fretta, per scoraggiarmi a continuare, conoscendo la mia perversa propensione al dialogo.

Dicevi: «Ci offendono, ci confrontano con altri che sono sempre meglio di noi. Questo ci offende. Dai confronti non puoi difenderti, quell'altro che era meglio di te, tu non lo conosci. Ci offende. E ci fa sentire inadeguati».

Ti guardavo, con il tuo corpo che da poco era più grande del mio. Ti guardavo negli occhi, avidi di quel cruccio nuovo. Vederti visto, vedere gli altri. Pensavo a una poesia di Attilio Bertolucci:

> A tredici anni è già un'altra
> primavera ventosa
> discesa dalle colline, celesti per una distanza
> che sembra invalicabile
> a chi attraversa i ponti o vi indugia e si sente
> prigioniero della città
> ignara, nella sua toilette giovanile,
> tutta una mattina di specchi mobili e di fuochi.
> A tredici anni
> compiuti
> impossibile ormai sottrarsi, rimandare, eludere.
> Il destino delle piante e degli animali, il tuo,
> si compie in questo
> calore sempre più forte delle giornate,
> così lunghe
> da permettere che il pomeriggio contenga
> nascondigli introvabili, imprendibili,
> prima dell'abbrunarsi e raffreddarsi senza remissione
> dell'aria.

Pensavo a questa poesia, che è poi la parte di un poema, e non osavo dirla forte. Volevo che fossi tu a parlare. E mi toccava ascoltare una filastrocca di nomi di giocatori di calcio, ciascuno con il suo record personale e la squadra. Notavo l'aggettivazione: mitico, grande, forte. Unico. Erano giocatori di pallone, personaggi del protrarsi dell'infanzia, che il maschio adulto tiene a portata di mano anni e anni, qualcuno tutta la vita, senza riduzione d'intensità vicaria, come masturbandosi su immagini maschili, sogni della virilità di un altro, fantasie di gara.

Haessler, Giannini, Baggio, avanti, ancora!

Per farti ridere, ristabilendo anche per me il contatto con la nostra infanzia, esageravo la mia ignoranza delle regole che regolano il calcio. Ridevi. E di nuovo eri serio. Ma potevi riprendere a parlare.

Hai detto, apparentemente distratto, grattandoti con furia un ginocchio:

«E poi ci sono gli altri. Prima la cosa più importante era menarsi. Adesso è menarsi e scherzare. Se uno è triste tutti cercano di farlo ridere. E se non ride è fuori.»

Ti fa paura «essere buono»? Ti senti solo? Percepisci la tua diversità dal gruppo? E il gruppo, quanto conta nella economia del tuo buon umore? Volevo chiedere tutto e stavo zitta. Comico il mio sorriso da signora in visita.

Avrei voluto, vorrei, strapazzarti di abbracci, rotolarmi con te sul pavimento, tentarti con passeggiate sulla sabbia d'inverno, offrirti i «regali del mare» che erano poi avanzi di secchiello, sassi deformati, conchiglie col colore delle nuvole... ti ricordi?

Vorrei, avrei voluto.

Devo frenare invece la voglia di rassicurarti con gli eccessi del mio amore fazioso, ingiusto e imbecille. Lo stesso che mi fa osservare, ammirata, la concentrazione con cui ti distrai. Allora, adesso.

Sono passati giorni prima che un'altra tessera del puzzle ti apparisse fra le mani, a completare il campo di battaglia.

Hai detto:

«Ci hanno fatto fare le aree di Holland. Lo sai chi era? Holland?» Ho scosso la testa con entusiasmo, so che ti piace quando non so qualcosa.

«Neanch'io. Comunque, questo tale ha diviso la gente

in aree. E ci hanno chiesto in quale area avremmo voluto stare e io ho messo l'area artistica. Perché c'erano quelli che amavano leggere e scrivere. Poi ci hanno fatto dei test, sai, come un controllo, per vedere se uno si era infilato nell'area giusta. Immagino che sia una faccenda per scoprire se fra i ragazzi c'è qualcuno che si fa troppe illusioni.»

Ho registrato una leggera accelerazione dei battiti cardiaci, come quando da piccolo mi scappavi di mano per strada.

«Tu come sei andato? Voglio dire: il test ti ha confermato artistico?»

Hai annuito, ma con ostilità manifesta.

Contro che cosa? I test? Gli artisti? La proiezione molesta di certe attitudini materne? Avresti preferito – che ne so – l'area commercialista e matematica? Quella dei soldi o quella dei poteri?

Con l'ormai collaudato sorriso di sfiducia per la scarsa efficacia dei metodi usati per valutare i ragazzi hai detto:

«Il fatto è che sono palle. Ti danno un foglio in mano e ti dicono: tu sei così. Ti sanno già, loro. Non hanno voglia di conoscerti. Loro devono insegnare, tu devi imparare. Si devono fare insieme i due lavori. Invece no: loro ti fanno un favore e tu lo devi ricevere. E ringraziare. La verità è che noi siamo fuori, non contiamo per quello che siamo, non siamo dentro il mondo, la società o quell'accidenti che è. La famiglia, la scuola e chennesò... i giornali, la televisione. Tutti da una parte. Tutti a commentare che siamo così e cosà. Tutto che va da voi a noi, che ce ne stiamo lì fermi come polli. Ma un rapporto è fatto di due, no? Tu non pensi che io sia abbastanza grande per esistere? Anche andare a scuola è un lavoro. E allora perché non ti pagano?»

Te ne sei andato, col tuo passo da cucciolo d'orso.

Ti muovi su solide zampe, urtando benigno gli spigoli per prendere le misure allo spazio, perché il tuo corpo –

che una quotidiana esplosione di cellule muta di dimensione ogni giorno – non sia retrocesso all'infanzia.

Te ne sei andato per paura che mi saltasse il ticchio di rispondere anche a una sola delle tue domande.

È venuto, per me, il momento di ascoltare con accorta gratitudine, tutto quello che avrai voglia di dirmi. Tu, il figlio adolescente. Puoi contare sulla mia storica ammirazione, quelli della tua età mi piacciono. Mi piace il mutamento. Ma non basta. Bisogna fare attenzione e aver rispetto. Non spingervi e non trattenervi. Ascoltare, appunto.

Se saprò ascoltarti cambiare, ascoltare il mormorio del sangue, la risacca delle convinzioni bambine che si ritirano, smuovendo ciottoli, lasciando nell'aria una scia di salmastro... troverò forse anch'io un tardivo accesso al cambiamento. Ridere, scrivere, tacere.

E darti i baci, soltanto se sei tu a chiedermeli.

III

IL BUIO OLTRE LA PORTA

Forse fuori luogo, sicuramente fuori tempo, voglio concedermi una cineseria: faccio autocritica, come si diceva una volta.

Mi autocritico severamente e pubblicamente per averti fornito, fin dalla più tenera età, un'immagine degradata del paese in cui sei nato, un'immagine deformata dal senso di non-appartenenza, dalla rabbia d'aver perduto, dall'assenza congenita di orgoglio nazionale.

In parte è un tratto, per così dire, etnico: gli italiani non hanno il mito di se stessi, almeno finché non emigrano.

In parte è proprio colpa mia.

Sono nata quarant'anni fa e c'era già Andreotti.

Ora che non c'è più, non riesco a inaugurare la fase del sollievo militante, con apprensione guardo il trono vuoto, e temo le opposte retoriche degli aspiranti alla successione.

Sono cresciuta con il governo della Democrazia Cristiana.

Adesso tutti gridano, loro per primi, si tirano le croci addosso, con le mani impicciate dallo scudo, ma anche vent'anni fa, anche ventotto, quando io avevo l'età che hai tu adesso, si sapeva che non erano per bene, che erano ingiusti, che sulla pelle avevano le squame del potere, che erano mostrificati dal Palazzo, e mantenersi in alto era la principale aspirazione delle loro azioni e recitazioni quotidiane, non certo servire la nazione.

Io, tuo padre, i nostri amici, perfino i nonni, che nel

frattempo si erano spostati nella Riserva della Borghesia Delusa, tutti, ti abbiamo cresciuto nelle parole dell'opposizione.

A sette anni eri già esterofilo.

A otto eri comunista, a dieci ti toccava cambiar nome, sostituire con una quercia la falce e il martello che conoscevi soltanto come simboli politici.

A undici anni, al tuo primo romanzo «da grandi», leggevi Dostoevskij, non Manzoni.

Certo che Dostoevskij è meglio, o almeno lo è secondo me (non si può impedire del tutto ai propri gusti di orientare quelli dei figli). Però tu non sei russo e non leggi quella lingua, e nemmeno io.

Abbiamo sostituito la tradizione con la traduzione.

Abbiamo fatto bene?

Certe volte ho dei dubbi, da quando tu sei quasi grande, e posso misurare su di te risultati intermedi, prime tappe, di quella che si chiama «educazione».

Per esempio: mi spaventa la facilità con cui tu e i tuoi coetanei date per scontato che «l'Italia non funziona».

Disservizi, scandali, degrado ambientale, tutto viene scagliato nel medesimo ribollente calderone.

Un'alzata di spalle, una grazia distratta: figuriamoci, e quando mai c'è stato qualcosa di buono?

Distaccati, sfiduciati, pessimisti, rassegnati. Pervicacemente decisi a distrarvi, alleggeriti di responsabilità dallo stato in cui versa la Nazione.

È vero, i primi passi fuori dalla porta di casa li state facendo fra i detriti, vi circonda un campionario di macerie.

Ma questo non assolve nessuno.

Né noi, né voi.

Se qualcosa è caduto, è buona norma chinarsi a raccoglierlo.

Possibile che siamo stati noi, a insegnarvi a non farlo?

Sei figlio, tu, e con te parecchi altri, di chi ha aperto il fuoco, un quarto di secolo fa, sulle sagome dei pubblici edifici che al presente stanno a pezzi.

Il bersaglio era giusto, ma non siamo stati noi a centrarlo.

È caduto da solo, autodistrutto per difetti di fabbricazione, aggravati dal tempo.

Certe volte mi chiedo come sarebbe stata la mia adolescenza se lo scenario fosse stato questo, da fine dell'impero, e non quell'altro, quello degli anni della rinascita economica.

Ero nel pieno di quella stagione che per te comincia adesso, nel troppo nominato sessantotto.

Non ho tutti i ricordi che hanno, o dicono di avere, quelli che di un passato battagliero fanno moneta per comprare le pigrizie del presente.

Ricordo il clima, quello sì, che era di belligeranza permanente.

Ricordo la programmatica insubordinazione alle gerarchie: in casa, a scuola. Le orgogliose dichiarazioni di inconciliabilità fra generazioni.

La linea del fronte era netta. Da una parte c'eravamo noi, dall'altra gli altri.

Il «noi» era variabile per classe e positura politica (l'ultima porta in fondo a sinistra, fuori dal corridoio delle istituzioni), ma stabile in età. Non-adulti contro adulti.

Figli contro padri e madri.

Anche all'interno del «noi» capitava di fratturarsi in sottomarche di Ragione Assoluta, ma erano beghe di poco conto, che non mettevano in discussione il senso meraviglioso della casta, l'appartenenza agli eletti, non ancora integrati nel mondo.

Non voglio fornirti una sintesi delle passate teorie.

È già abbastanza pesante il vostro bagaglio, da portare. Siete figli di figli, adolescenti nati da una generazione che all'adolescenza era disposta a dedicare un culto imperituro, quasi a rendere cronico un malessere, spregiando, come spregiava, le possibilità di una diversa salute.

Voglio soltanto confermarti che era bello, come forse già sai. E in un certo senso più facile, essere ragazzini allora.

La spinta biologica ad andarsene, quella che chiamano la «seconda nascita», era un rituale collettivo. Nella pubertà, che spezza la catena dell'identificarsi con la madre, dell'avere il padre a riferimento, ci entravi con gli altri. Insieme a loro rinunciavi alla protezione dell'infanzia.

La famiglia, da cui fuggivi cercando di farti notare il più possibile, non era come quelle di adesso.

Le madri erano madri, e padri i padri.

Avevano quarant'anni, ma erano più vecchi dei quarantenni d'oggi. Avevano perduto la guerra, o l'avevano comunque subita.

Non erano più, anche per questo, sicure incarnazioni di un dogma, le loro non erano le maturità irreversibili e certe dell'inizio del secolo. Le donne non erano ancora emancipate, ma già sentivano il loro come un destino su cui si poteva discutere, un'evitabile missione. Erano tristi per questa consapevolezza nuova, e precocemente deluse. I maschi vacillavano per la velocità che la guerra aveva imposto al cambiamento. Dovevano calzare ancora gli stivali previsti dal dominio domestico, ma ci si muovevano male, con passi già incerti...

Erano gli anni del mutamento. L'Italia si adeguava adagio a paesi di più vecchia tradizione borghese, uniti più presto, più ricchi, più avanti.

Intimoriti, isolati, ignari come passeri e tuttavia nervosi, sentendo nell'aria una primavera che li escludeva, si muovevano male i tuoi nonni, e altri peggio di loro.

A loro non era stato concesso niente, e già concedevano ai loro figli qualcosa, ma era poco. Il poco è più rischioso del niente. Noi lo si usava, quel poco, come un trampolino per richieste esigenti. Farci dire di no ci dava gusto.

Di più: ci dava ruolo, era la stella rossa sul giacchino, il grado della nostra militanza.

Loro, sull'orlo del mutamento, volendo aprire certe porte e non osando, volendo fermarci e non sapendo come, subivano il martirio che io subirei adesso, se tu non fossi tu, ma foste in molti più di mille, a dirmi di spostarmi un po' più in là, di uscire di scena, di non dare ingombro.

Erano goffi, i quarantenni d'allora, come vecchi, quando si chiede ai vecchi di cambiare. Noi, nel cambiamento, ci muovevamo come ballerini.

I sessanta e i settanta erano anni tagliati per la giovinezza.

Anni di slanci, di sbagli, di gazzarre. Di cieche convinzioni, di fiducie. I progetti erano fantasiosi, ma la geometria che sottendeva il mondo era essenziale e ben più nitida di oggi.

I blocchi contrapposti, i due sistemi. Tu lo sai, c'era ancora la paura dei rossi. Le illusioni rozzamente romantiche. Che il comunismo, come la religione, senza l'obbligo di credere in personaggi extraterrestri, ci ponesse dalla parte dei buoni.

Buoni e contro, così pensavamo che si potesse vivere per sempre. Con l'anima evangelica e la testa marxista.

Si scappava di casa per occupare la scuola, da scuola per pellegrinare alle fabbriche. Dalle fabbriche per manifestare nelle strade, in piazza o, come si diceva con una punta di civetteria gergale, «nel sociale», sul territorio, nei quartieri, a sostenere sfrattati e senza tetto, a occupare le case popolari.

Non credere che io voglia deridere la me stessa di allora.

Ero una rispettabile estremista. Seria come sono seri i bambini mentre sviluppano il gioco imitando il reale, inventando un finale, dove essere felici sia possibile.

Certo non eravamo ciechi, di fronte all'Unione Sovietica, per quanto fossimo cascati nella Cina, sedotti dalla precettistica orientale. Il socialismo dell'est, il comunismo del Piccì era «revisionista», una brutta parola, che si usava molto, anche fra noi, a scuola, per bollare gli sgobboni, con un sinonimo di opportunista.

Dall'Unione Sovietica, come un minuscolo, illuminato, capo di Stato inesistente, dichiaravo di «prendere le distanze».

Ti faccio ridere?

Non devi. Cioè: ridi pure.

Io non sono il tipo adulto che si trastulla con la nostalgia. E non penso a quegli anni loquaci come a un'età dell'oro.

Nemmeno sull'innocenza perduta, altro mito dei grandi, sono disposta a sintonizzarmi. Se innocenza c'era, e c'era probabilmente, io non l'ho persa affatto.

Anche per questo mi va di parlarti.

Penso che sia possibile, che posso.

Lascio le scarpe fuori e entro nel tempio della tua giovinezza, con rispetto.

C'è silenzio e oscurità, l'eco dei passi come in un teatro, se lo spettacolo non è ancora cominciato.

Voglio dirtelo, anche se non sono certa che ti piaccia.

Il tempio oscuro, dove si compie il rituale del passaggio, col sacrificio del corpo del bambino, e in premio la metamorfosi di crescere, è una costante. Sempre ci si passa.

(Come dicono gli adulti: «Ci siamo passati tutti», con espressione tronfia e soddisfatta.)

La variabile è fuori, il mondo.

Dentro è sempre buio e magnifico. È sempre esaltante e faticoso. Entri, stai entrando, e non sai quando ne uscirai, né come, con quale pelle e dopo quante prove.

Fuori ci può essere un coro che ti accoglie festoso, confusione, invidia, oppure niente, nessuno che ti aspetta.

Per quanto mi disturbi l'idea di invecchiare, non credo che vorrei avere tredici anni, oggi.

La variabile «tempi che corrono» è al suo peggio.

Oltre la porta interiore, oltre la costante del tempio, fuori di casa, dappertutto, c'è un rumore sgradevole. Grida poco intelligibili. Ciascuno loda la propria mercanzia, sperando di venderla, o, per il medesimo motivo, spregia quella degli altri. Come in un mercato, una umanità di concorrenti, attenta a non estinguersi, a non restare emarginata, si accaparra gli avanzi, si aggrappa all'instabile appiglio del trascorso cinismo, del decennio del disincanto, quando l'ateismo si è trasformato in indifferenza e l'illuminismo si è arenato sui limiti oggettivi del progresso e la psicoanalisi ha incominciato a indulgere impercettibilmente alla giustificazione autarchica dell'Io, in tutte le sue deformità eventuali fino al perfetto immoralismo... Oh, scusami, vedi che ricomincio?

Non posso fare a meno, pare, di tediarti col fosco quadro delle mie proiezioni sul presente, sul passato recente...

Salta le righe precedenti, cancellami...

Evidentemente non basta proporselo, di entrare scalzi nel tempio, di non lasciare il peso delle impronte, di avere rispetto.

Se proprio dovessi avere tredici anni, una madre come me non la vorrei. Preferirei una madre, un padre, a cui la realtà fosse gradita, che coincidesse un po' di più col mondo di fuori, fuori dal tempio dell'adolescenza, o da quello difensivo della casa, vorrei che stesse, mia madre, lì ad aspettarmi e mi illustrasse il regno degli adulti, con parole positive e gentili, con cui potessi non essere d'accordo, godendo della mia giovanile irruenza.

Sentendomi forte, più forte della sua debolezza conformista.

Mio padre non era un tipo retorico, era un solitario. Faceva l'ingegnere in una fabbrica. Quando io e mia sorella, dopo cena, partivamo all'assalto della divisione capitalistica del lavoro, lui la difendeva. Erano battaglie.

Ne uscivamo convinte più di prima e un po' più eroiche.

Avevamo litigato col Padre, e insieme con tutto il sistema.

Come si dice al supermercato? Paghi uno, prendi due.

Adesso siamo tutti d'accordo.

Tu, io. E questo potrebbe anche andare bene. Ma un qualunquista, un opportunista e un cretino, gente che non è d'accordo su nient'altro di quello che io e te pensiamo, che ci fanno schierati insieme a noi?

È troppo facile essere d'accordo, quando cocci e detriti ti circondano e c'è da dire che qualcosa è rotto.

C'è in giro una eccedenza di danneggiamenti. Non trovi? Si allarga un pochino ogni giorno il fronte dei demolitori. Scarseggiano le squadre di soccorso, i raccoglitori di cocci, i manovali della ricostruzione.

(Bisogna ricominciare a curare i particolari, credo, a definire le sfumature, a cercare punti luce, creare ombre, e spazi chiari, dove i colori siano di nuovo visibili... forse.)

Avevi appena fatto in tempo a gustarti i primi giorni di ginnasio che è capitata una manifestazione di studenti.

Non che tu non ne avessi fatte altre. Ti ci portavo, benché gli anni ottanta siano stati avari di spunti anche mediocri.

Giusto qualche comizio in piazza San Giovanni, dove terminavano, a Roma, le sfilate dei comunisti.

Ci stavi bene, volevi stare avanti, guardare in faccia l'oratore di turno, ti beavi delle parole elettorali, che erano facili, parole da bambini. A ogni accenno di demagogia sui giovani, i tuoi nove anni, sette o dodici, si drizzavano in una solenne commozione.

Eri carino, volevi sempre un cappelletto rosso. Un bottone. Qualcosa. Sono per i comunisti e per la Roma, dice-

vi. Poi sei stato per la Roma e il Pidiesse. Adesso sei solo per la Roma, e neppure più troppo convinto. La partecipazione si riduce. O forse l'identificazione con la mamma. Devo sentirmi in colpa per averti influenzato?

Ma no, non mi ci sento. Ti ho fornito un succedaneo di patria. Dato che non coincidevo per scelte, valori e gusti con la maggioranza, ho voluto darti la sensazione che ci fosse comunque un paese immaginario, un gruppo, un'area, un settore pronto ad accogliermi.

Che non stavo in bilico su un filo, con pochi altri esemplari della specie.

Il mio rifugio, la mia famiglia, la mia «patria» era la sinistra, e quindi anche la tua, e tu lo dovevi sapere.

Ti portavo alle feste dell'Unità, criticandole.

Tu ci mangiavi volentieri, io ero sarcastica, ma c'ero.

E c'era tanta gente. La sinistra era risibile, nelle sue feste comandate, ma la destra era peggio. Anche questo era un messaggio per bambini. Ti andava bene.

Se ti ho influenzato l'ho fatto perché mi è sempre parso il male minore. Basta saper tacere in tempo.

Ed è questo che mi appresto a fare. Chiudere il becco, come ti ho promesso.

Questa storia della sinistra e della destra, per colpa nostra, durerà ancora una generazione. L'abbiamo vissuta, e ve ne abbiamo parlato.

Oggi si è perso un po' l'orientamento. La sinistra è dove si porta l'orologio, la destra è a est sulla carta. Per riconoscerla, ci si faceva il segno della croce. Si fa ancora?

Il nord e il sud, quelli, invece, sono chiari. Il nord è ricco, il sud lo invade. L'Italia è il sud del nord, finirà male.

Tu hai vissuto soltanto per l'infanzia nel vecchio schieramento. Forse ai tuoi figli la racconterai come una fiaba, quella storia della sinistra e della destra.

Forse non dirai niente, farai in tempo a dimenticare.

Tu sei nato a ridosso della fine del secolo. Io, per poco più d'un anno, sto tutta intera nella seconda metà.

Tutti e due, abbiamo appena varcato la soglia dell'Era dell'Acquario. Duemila anni sotto il segno dell'instabilità, dicono. Ti piace? Conosco il tipo, anche se allo zodiaco non credo più di quanto creda agli elfi dei boschi: anticonformista, amante del nuovo, volubile.

Vero o no, si sente nell'aria qualcosa. Venti di palingenesi, selvaggi spostamenti, d'aria e di cose, simboli che volano via, parole che si ricercano un senso.

Ti piace?

A me sì, ma io sono pesante.

Ho un'età da anime grassocce, sto ben piantata sulle mie tristezze, controllo la metà trascorsa della mia vita, dalla postazione prestigiosa di chi ha già cominciato la seconda.

Terze metà non ce ne sono, per quanto le promettano i giornali. Guardo come un tranquillo possidente ai miei bilanci. Avanti, non mi aspetto il Paradiso. Nessuno lo prevede a quarant'anni. Comunque sia, con dolente eccitazione, aspetto l'annunciato terremoto. Le carestie di benessere si addicono ai grassi. Ed è stato durissimo, raggiungere la mezz'età sull'onda dei gaudenti anni ottanta, intendo una mezz'età decente, non quella dei satolli e soddisfatti.

Se la terra tremerà come immagino che tremi, ho un buon rifugio pronto, dentro di me, dove sono disposta a ritirarmi, l'ho scavato in anni e anni di tormenti e libri, viaggi di scambi e di perplessità. E poi, insomma, peso, te l'ho detto. È la tua, che è un'età leggera. Infatti siete belli da vedere, più di noi, con tutti i nostri tegumenti.

Pesate niente. La poca vita che tenete addosso ha perduto la forza dell'infanzia e del presente ha la fragilità.

Una scossa improvvisa può farvi scivolare verso viaggi del tutto imprevedibili.

Quand'eri piccolo la mia voce era rumore, emesso per tenerti compagnia, adesso, quando parlo, è per farti partecipare del mio peso, quel poco che ho potuto mantenere, essendomi disfatta, a malincuore, di tutto quello che non serviva più.

Principi? Forse. In un certo senso. Anche se la parola è un po' ingombrante.

Ti fa ridere e ti mette in imbarazzo.

Intendiamoci: non ho niente in contrario al fatto che tu voli.

Dall'alto ogni scenario acquista grazia, sfumano le brutture, si percorrono rapidamente spazi. Ma questo accade se c'è un itinerario.

Volare via è inutilmente radicale.

Caduta libera verso l'alto. È rischioso.

Meglio pesare un po', il giusto, in relazione al disegno delle ali. Se parlo è per dotarti di zavorra. Poco per volta, potrai buttarla via. Non credi? No? Non importa.

Esco dalla metafora, per quanto mi piacesse ancora starci, e ti torno prosaicamente fra i piedi.

Eravamo rimasti sul finire del secolo, e più precisamente all'inizio dell'anno scolastico.

La prima manifestazione politica a cui hai partecipato in quanto cittadino, non in quanto figlio.

Non entrerò, come recitava una frase d'epoca, «nel merito».

Si trattava di manifestare antagonismo al governo.

Tu eri piuttosto soddisfatto di alcune parole che erano entrate nel tuo vocabolario. Le portavi con garbo. Senza urlare.

Convinto e nello stesso tempo scettico. «Noi siamo contro la manovra Amato» dicevi. Sorridevi: «Quello ha un cognome che se li tira, gli slogan».

Ti vedevo dignitoso e titubante.

Vestito meglio che per andare a scuola.

Io che, come tu sai, sono scomposta, ti tallonavo con le mie domande. Tu glissavi, ma senza l'arroganza del «fatti i fatti tuoi» che meritavo. Piuttosto con una certa timidezza. Neppure timidezza, riluttanza. Stavi eseguendo un compito ereditato dall'infanzia, da quando mi chiedevi le bandiere, i bottoni e i cappelletti rossi?

Era ancora la vecchia appartenenza, o era già scegliere qualcosa? Parecchi giorni dopo, indirettamente, mi hai risposto. Non so se tu sapevi di rispondermi e in verità non ha importanza.

Il dialogo, fra noi, si avvia ad avere tempi naturali.

È come navigare a vela, rispetto a quelli che corrono a motore: non sai mai quando arriverai, comanda il vento, quello che conta è saper viaggiare in calma piatta, e poi sentire il refolo gonfiarsi, all'improvviso, buttandoti in avanti.

Mi hai detto, con lo sguardo svagato di quando non parli di calcio: «Io alle manifestazioni ci vado, perché mi scoccia non partecipare. Mi scoccia anche andarci solo per non andare a scuola».

Ti sei accorto di come ho frenato l'entusiasmo? Sembravo un gatto che non fa le fusa e gli si drizza il pelo per lo sforzo. Giravi attorno al tavolo e assaggiavi, qua e là, scoperchiando le pentole.

(Posso dirti che so perché ti piace vedermi, la sera, al posto di comando dei fornelli? Ti giuro, lo so, ma non mi scoccia. È inebriante un po' di conformismo ai ruoli della vecchia tradizione.)

Hai detto: «Il fatto è che... secondo me non serve a niente».

«Che cosa significa,» ti ho chiesto, tenendo a freno la voglia di consolarti da mamma, per quest'affacciarsi del dubbio nella tua vita, «non serve a niente? Che Giuliano Amato non deciderà di dimettersi su richiesta degli studenti del Mamiani?»

«Mi prendi in giro?» hai detto.

Ho detto: «No. Ti prendo in parola».

E tu: «Anche se si dimettesse non è detto che sia quello, che risolve le cose».

Morivo dalla voglia di forzare, lo sai come sono fatta.

Volevo dire: quali sono le cose da risolvere?

La crisi economica? Il debito pubblico? Il disastro istituzionale? O piuttosto dare un senso ai propri giorni? Alle ore spese?

Trovare spinte, sogni, e compagni con cui condividerli?

Sono stata zitta perché sto imparando a fidarmi della mia paura di invadere il territorio delle tue esperienze.

Per premiarmi o perché la partita, in tivù, cominciava in ritardo, hai parlato ancora:

«Mica si risolvono le cose con quello a spasso e quell'altro magari in galera. Se Amato salta se ne fa un altro, no? E allora... 'sti soldi da qualche parte lo Stato deve prenderli. Magari non fa i tagli alla Sanità, il prossimo, ma fa qualche altra cazzata.»

«Allora tu non sei contro le manovre del Governo?»

Hai sbuffato.

Ti viene il nervoso, quando mi vedi cauta, abituato all'irruenza dei miei modi.

«Certo che lo sono.»

«Non mi pare...»

Non mi hai lasciata finire. Arruffato come un gallo da combattimento.

«Bene ti sbagli, signorina Sotutto,» mi hai detto.

«Forse...»

Te ne sei andato. Signorina Sotutto. Che io possa essere dannata se lo faccio apposta. So poco. Sono una signorina So-Poco. Ma vorrei sapere ancora meno.

Vorrei non riconoscere la delusione impaziente, la voglia di menare fendenti, di colpire, aggredire, contestare, spostare. La conosco. La ricordo, forse troppo nitidamente.

Si traccia con dei «No» il confine del corpo nuovo, il corpo con cui si andrà per il mondo. Io sono contro, io sono a favore.

Delinearsi. Tu, è perché sei come sei che hai necessità di dar conto a te stesso, del comportamento del governo. Ad altri può bastare, basta tutta la vita, essere contro la Lazio o per la Juve. Carnivori o vegetariani. Contro il mare o detestanti la montagna. Patiti per le bionde o pazzi per le more.

Voglio dire: io leggo come un segno buono te che cammini dietro un corteo lungo una strada.

Non te lo dico, perché è maternalista, ma poco me ne importa, che caschi o no, il governo Amato, o un altro.

Mi fa allegria vedere il tuo cervello che lavora, che sperimenta la fatica del giudizio.

Mi è piaciuto che abbiate perso una settimana di lezioni per quell'altra tua parola nuova: «l'autogestione», sostituzione dei professori con ragazzi più grandi in orario scolastico.

Tornavi a casa pieno di titoli importanti e li sistemavi in frasi da scolaro: «Questa mattina ho fatto razzismo, Leganord e Antimafia».

Avevi ascoltato varie persone parlare degli argomenti dei giornali, cose di cui a casa hai sempre sentito parlare. Sentirle fuori casa è un'altra cosa. È un ascolto da grandi.

Da qui in avanti, sempre di meno parlerai con noi, e sempre di più fuori.

C'erano madri che mettevano il lutto per questo distacco. Ricordo una collezione di immagini animali: l'uccellino che lascia il nido, la crisalide che appena si fa farfalla ti dà la fregatura, il serpe in seno, il cucciolo cattivo.

Non ti preoccupare per me, mio caro, a me il distacco piace.

Nel darti la libertà, mi libero un po' anch'io. Piace anche a me cambiare.

Quello che non ti posso dire, e quindi scrivo, è la tristezza per lo scenario in cui ti muovi.

Oltre la porta è buio.

Ti osservo mentre ascolti il telegiornalista di turno dar conto dell'ultima porzione di malefatte. Non dici niente. Non è nemmeno più una novità. Sono mesi. L'indignazione, come le passioni amorose, dura poco.

La politica – come attività – è degradata. E giorno dopo giorno è più noiosa. Tuo padre dice: «È il gioco dei quattro cantoni. Nient'altro». E anche lui è stato un ragazzo impegnato a sinistra.

Immagino che nel corso della benedetta autogestione, ai cortei, nei vostri collettivi, aleggi questa fantasia mortificante. Che la politica sia solo una carriera, e non certo delle più eleganti.

Probabilmente era già così ai miei tempi, l'interesse privato in chi nell'occuparsi della cosa pubblica, ha acquisito posizioni di potere, non l'ha inventato la magistratura milanese.

Non credo che venticinque anni fa fossero più pulite le mani, o almeno non tutte.

Quello che era differente, e giocava a nostro vantaggio, era la possibilità di credere che fosse possibile cambiare tutto. Tutto. Non soltanto qualcosa.

C'era la politica degli adulti e quella dei giovani.

Quella dei giovani era clamorosa, mondiale, etica, estetica e antitetica a tutto lo stato di cose presente d'allora.

Era un movimento, qualcosa come un'onda spontanea.

Dall'altra parte c'erano i partiti, da travolgere.

Noi dicevamo che erano sporchi, in vendita, bugiardi, corrotti e mistificatori.

I nostri padri li difendevano. O, quantomeno, ciascuno difendeva il proprio. Oggi la difesa dei partiti, nell'opinione pubblica, è vacante. Per avere il padre contro, quando dici che la partitocrazia è finita, devi essere il figlio di Andreotti.

Non hai l'età, saresti il nipotino.

Diciamo che oggi la politica «dei grandi» è impraticabile come valore. Resterà praticabile come professione. Quella «dei giovani» non esiste più.

Ma a tredici anni, quando si incomincia a camminare, in strada, dietro uno striscione colorato, a scandire le parole di uno slogan, non si pensa – di certo – alla carriera.

E allora a che cosa?

Cito se non ti arrabbi, da un giornale:

«I replicanti della politica... spunta il movimento del '92.

«E riecco gli impegnati, candidi, liceali. Novità? Macché. Tornano i replicanti della politica. Torna, servito freddo, un cocktail, stravisto, di '68 e Pantera, "duri", neo-settantasettini e "buoni", come i ragazzi dell'85. Né rivisti, né corretti.

«Dopo i crolli dei muri e delle ideologie, riappaiono sognatori realisti, abituati al gioco del partitismo, dell'assemblea, del dibattito in sezione, capaci a mettere la maschera da movimento, oppure adolescenti pallidi, neotrotzkisti, persi nel sogno di una democrazia dal basso o autonomi con lo stampino del '77, le kefie, i jeans logori sugli scarponi neri, alti, anfibi. E poi sempre le stesse parole d'ordine, gli stessi clichés, i distintivi...»

Tu non ti arrabbi, ma mi arrabbio io.

Chi scrive sui giornali non vi ama. È una società, la nostra, basata sulla nostalgia di giovinezza. I giovani non contano niente, ma provocano invidia perché registrano – fra tutti – la massima lontananza ipotetica dalla fine della festa. È una società, la nostra, basata sulla rimozione della morte. E con la morte sulla rimozione della vecchiaia. Quando i giovani smettono di essere giovani, fanno pesare la loro invidia sui nuovi, sulle matricole della giovinezza. Gli ex giovani che vi scrivono addosso dai giornali, vi umiliano nella categoria dei replicanti.

Avviliscono il vostro bisogno di sentirvi originali.

Vi trovate stretti, così, a contenere i vostri impulsi, in una camicia di paragoni.

Ogni decennio ha avuto, pare, il suo rituale di contestazione.

Quelli che «vanno di più» naturalmente sono i più lontani (noi).

L'Italia è un paese dove di buona stampa godono soprattutto i defunti. Fra i quaranta e i cinquant'anni, i discoli del primo decennio ricevono qualche premio alla carriera. Per quelli del '77 ancora niente, li si ricorda per il piombo e le pistole.

Non erano tutti criminaloidi, io li ho frequentati, anche se ero già uno scampolo di adulta. C'erano gli Indiani Metropolitani, quelli del potere Dromedario, i partigiani del Nonsense, le ragazze femministe... Ma tant'è, la contiguità col terrorismo li ha archiviati in blocco, come pericolosi.

Gli anni settanta che, come diceva la canzone, sono «nati dal fracasso», si sono spenti in una collettiva esecuzione.

Nel silenzio sono spuntati gli anni ottanta.

Eppure, nemmeno quelli sono sfuggiti all'obbligo di avere un anno caldo, con qualche sussurro studentesco dalla scuola, qualche grido di piazza, un anno di visibilità giovanile, il cosiddetto «ottantacinque».

Se i sessantottini erano i capostipiti di un sogno dai risibili contorni e i settantasettini erano carne da galera, gli ottantacinquardi erano lodati e vilipesi come degli impiegati miglioristi. Gente giovane che voleva soltanto far funzionare la scuola. Che ridere! Che bufferia! Che idea!

Ogni anno simbolico perdeva dal confronto con qualche altr'anno che copiava troppo o non copiava abbastanza.

Tuo padre è un appassionato di storia.

Io, fanatica dell'oggi, riesco solo a confrontare presenti caduti in tempi diversi.

Forse lui troverà sacrosanto questo tessuto di paragoni e di scomuniche. I corsi e ricorsi, i messaggi delle ripetizioni e dei ritorni.

Io difetto di quella grazia ragionevole.

O voglio difettarne. Con un salto da niente, meno di un salto, appena una mossa del fianco, come per schivare uno spigolo, mi infilo nei tuoi panni: replicanti della politica a chi? Glielo ficcherei in gola, quel foglio di giornale.

Mi infilo nei tuoi panni e mi calzano, come se tu non

fossi due volte più grosso di me e considerevolmente più giovane.

Caro figlio, che a ventun anni entrerai nel nuovo millennio, non permettere a nessuno di impedirti di vivere per la prima volta quello che, prima, qualcun altro ha vissuto.

«Anch'io ai miei tempi» è una frase sopportabile soltanto se è l'inizio di una fiaba. Ascolta con pazienza. Con interesse se è interessante. Oppure non ascoltare. Cambia stanza.

Sappi per certo che niente è replicabile.

Nessuno passa per lo stesso punto, nello stesso modo, con lo stesso DNA o gli stessi occhi. Nessuno guarda mai lo stesso quadro.

Ascolta, fa' attenzione. Voglio farti finalmente un sermone. Sono venti pagine che lo rimando e già mi sento un'eroina della divagazione. Come le prediche di chi sul pulpito non sarebbe mai ammessa a salire, avrà la forma di una supplica focosa, una preghiera armata di ragioni.

Ti prego, ma ti prego veramente, di non rinunciare a esperire, a provare, a giudicare, a schierarti, a dannarti per quello che, secondo te, non va bene, non funziona, non è giusto, non è nel senso d'un tendenziale armonico sviluppo del pianeta.

Non credere, ti prego, a chi ti dice che non sarai tu, a mutare gli equilibri del mondo, che non sei nella stanza dei bottoni.

La stanza dei bottoni ce l'hai dentro.

È al tuo io, che devi rendere conto, innanzitutto.

Non avere paura di essere «in pochi».

Non avere paura di essere massimalista, di occuparti di cose più grandi di te: ogni cosa grande ha evidenze piccine, riscontrabili da chiunque abbia gli occhi. Le cose grandi sono le più importanti: non c'è bisogno di diventare grandi per occuparsene.

Anzi, ad aspettare si rischia che sia poi troppo tardi.

Io li vedo, perché ci vivo in mezzo: gli adulti che non erano massimalisti ragazzini, sono rimasti minimi, non hanno sogni, solo prospettive.

Niente è vecchio di quello che puoi fare.

Dato che tu sei nuovo.

Non avere paura di pretendere un silenzio rispettoso, da parte di chi dichiara di sapere come vanno a finire le cose.

Se non lo sai, non è perché sei piccolo, è perché sei più attento, meno passivo, più intelligente.

Non partecipare, ti prego, al coro di sfiducia. È pigra, è noiosa, è facile la sfiducia.

E ce n'è in giro troppa.

Se posso darti un consiglio, e intendo dartelo anche se non posso, una sfida alla sfiducia potrebbe essere un bel banco di prova, per mettere a punto i vostri strumenti adolescenti, per uscire dal tempio a fronte alta e andare a misurarvi con il mondo.

IV

SEPPELLIRE L'INFANZIA

Le madri, anche quando si tratta di esprimere opinioni o somministrare consigli, risultano eccessivamente nutrizionali. Tendono ad abbuffare i figli. Se i figli non ascoltano tutto, le madri vanno in confusione, come se fossero dispettosamente anoressici.

È la patologia dell'eterna gravidanza.

Imbarazzante. Non vogliamo mai partorirvi definitivamente, la tendenza sarebbe tenervi dentro e proteggervi e rifinirvi, aggiungere riccioli, cognizioni, difese immunitarie, strati di pelle per tenervi caldi. Non è facile essere sintetici e incisivi essendo madri, madri che parlano coi figli.

O con le figlie.

Io, per esempio, sono qui che mi trastullo con questa introduzione poco utile, mentre dovrei parlarti della famiglia e dell'infanzia nella famiglia e quando bisogna uscirne, da entrambe, l'una lasciarla, l'altra seppellirla.

Dovrei. Devo. Ma non mi decido. Ho la testa sovraccarica di storie, e un calo imprevisto di energia. Dovrei selezionare il materiale, dire qualcosa, tacere altro, e aiutarti, con eleganza, a mollarmi.

Mi riprometto capoversi brevi, informazioni base e succinti sentimenti.

Chissà se mi riesce.

Lascio uno spazio bianco, scendo un po' più in giù nella pagina e incomincio.

Pronti? Via.

C'era una volta la famiglia robusta, indistruttibile e perenne. A ruoli fissi, poco discutibili.

Il padre e la madre, quand'anche si detestassero dal secondo giorno di nozze, dovevano restare ai loro posti, nella rigida osservanza del cerimoniale autoritario, che il padre officiava per obbligo e la moglie e i figli subivano, per assenza di alternative praticabili.

Le donne non erano autonome economicamente.

Non lo erano le madri, non si prevedeva che lo diventassero le figlie. I figli, alla tua età, potevano essere adulti, lavorare e levarsi dai piedi, oppure essere apprendisti adulti, cioè studenti in attesa di assumere il comando, quando fosse venuto il loro turno.

Adolescenti erano solo i ricchi. Gli altri l'adolescenza non se la potevano permettere.

Le femmine rimanevano un po' adolescenti tutta la vita. In quanto dipendenti da altri.

Eterne ragazze, non potevano scegliere.

Ti ricordi il tuo tema della quarta elementare? Una bambina col potere degli adulti: «Decidere e comprare». Ecco: le donne venute prima di me, l'esperienza di decidere e comprare con denaro proprio, quel brivido di valorizzazione dell'Io, non lo provavano mai. Dalla nascita alla morte.

Sposarsi era un investimento necessario, fare figli un destino di genere.

Nota bene che di «genere» ancora non si parlava, all'epoca il maschile e il femminile erano sessi.

Uno forte e perfettamente attrezzato, l'altro debole, mancante di una parte. Oggi, quando dico genere, intendo qualcosa di più del sesso e di più fluido: l'identità di genere è data dall'interazione di fattori che influenzano, in ogni fase della vita, lo sviluppo sessuale, la formazione della differenza dei sessi.

Coscienza di genere è un sesso che percepisce se stesso, che è consapevole di stereotipi e condizionamenti, storici, culturali, ma anche di un nocciolo di diversità reale.

Il sesso è dato, il genere si forma, come in una declinazione, alcune desinenze te le scegli, ad altre ti obbligano, il sesso è solamente la radice, la parte invariabile del tutto.

Una volta non ti sceglievi niente.

Il sesso d'appartenenza era una gabbia di ferro,

Ancora ai tempi di tua nonna, quando ero ragazzina, una donna che non aveva figli era definita una «donna mancata», affetta da malformazione e quindi oggetto di pietà, oppure una «poco di buono», oggetto di disprezzo. Non si poteva scegliere di non essere madri, non era ammesso.

Una donna doveva essere docile da bambina, bella da giovane, nella maturità materna, poi vecchia servizievole, e invisibile.

Capirai che allegria.

Fortuna che si moriva prima.

Anche voi morivate di più, il che si configurava come dolore, non come tragedia: figli se ne facevano parecchi.

I poveri per immettere forza lavoro gratuita nell'Azienda Famiglia. I ricchi per agio e abitudine, per mantenere il casato, perché potevano permetterselo, perché le generatrici non potevano rifiutare il corpo alla nobile attività che giustificava il loro stare al mondo.

Oggi i figli non sono più considerati sotto il profilo della produzione di reddito.

Si preferisce risparmiare alla fonte, facendone meno.

Qualora si decida di farne.

Le donne possono decidere e non è detto che decidano di essere madri.

Hanno ragione, vero? Hanno ragione. Abbiamo ragione.

Consenti facilmente. Meccanicamente. Non sembri nutrire alcun dubbio. Non avete alcun dubbio, voi, sulle ragioni delle donne. Almeno nessun dubbio teorico.

Siete nati dopo, a rivoluzione avvenuta.

È come arrivare tardi a una festa, non si balla più, tutti

se ne stanno andando a casa, col mezzo sorriso un po' ebete di chi si è divertito. I posacenere sono pieni di mozziconi e sui vassoi sono rimasti soltanto i panini col peperone che non piacciono a nessuno.

Non fare quella faccia delusa. Era peggio esserci e fare tappezzeria.

Subire l'allegra protervia delle ragazze. Guardarle ballare. Chiedilo a tuo padre, come si stava, nel bel mezzo di quella festa danzante, essendo maschio. Gli incubi lo tormentano ancora, di tanto in tanto, nonostante la devota petulanza che ho investito nel tener viva la memoria, aiutandolo, in un certo senso, a rivalutare il trascorso martirio, con un senso di storico protagonismo.

Credimi, mio caro, essendo nati maschi, è meglio essere nati adesso. Forse è meglio in assoluto, anche per le ragazze. La festa era una festa faticosa.

Giravano parole impegnative, più impegnative delle parole politiche. Si parlava del sesso, del piacere, dell'amore e del disamore. Di avere o non avere bambini.

Del diritto di desiderare.

Dell'essere figlie, delle nostre madri.

Della famiglia, di come era stata, di come doveva diventare. Si gridava.

Ma tu lo sai, a questo punto l'hai capito, che è una bella responsabilità gridare. Il cambiamento devi saperlo immaginare. Diventa una ginnastica, la vita.

Ogni gesto, ogni gusto o preferenza, ogni moto spontaneo, per legge interna nostra di quegli anni, era sottoposto a ragionamento. Si situava nel solco della semplice emancipazione della donna, o era nel senso della liberazione?

Se non stava né nel solco né nel senso, era da mettere all'indice, laggiù, nei listoni neri, dove stava il pensiero maschilista, femminile regressivo, rozzamente mimetico, da scimmia, di destra, di mia nonna.

Una bella fatica, ti assicuro.

Anche una fatica bella.

Una fatica che non è ancora finita: siamo a duemila anni contro venti, sul piano della libertà di essere donne.

A zero sulla valorizzazione delle donne in quanto tali: differenti dall'altra metà del mondo.

Occorre montare la guardia, a ogni singola conquista. E mettere le basi per aprire il capitolo seguente.

Fine del pistolotto femminista (non illuderti, prima o poi se ne riparla).

Torniamo, per il momento, alla famiglia.

Quella di cui si può disporre oggi.

Dopo la cura della sommossa di cui sopra, si presenta, com'è ovvio, dimagrita nel numero dei figli.

Tu che non hai fratelli, non sei solo, ti circonda una comunità di figli unici. In compensazione non richiesta, possiedi, come molti, un fratellastro, figlio di primo letto di tuo padre.

Da quando il matrimonio è reversibile, a molti accade di investire su altre mogli, su mariti nuovi, il gruzzolo dei propri desideri. Chi si detesta, prima o poi, si molla.

Questo migliora non di poco l'aria che siete chiamati a respirare voi, figli unici con fratelli in comproprietà.

Quel vago sentore di rancido che aleggiava attorno alla famiglia a ruoli bloccati, a decorrenza eterna, si è diradato. Non dico che sia scomparso: eroismo, vigliaccheria e pigrizia, ancora inducono molti a sopportare convivenze forzose, matrimoni svuotati di affetto.

Vigliaccheria e pigrizia te le puoi immaginare. Eroismo è sacrificarsi per i figli.

Nobile, e quantomai rischioso.

Se mi consenti, apro qui un capitolo che sempre mi è parso essenziale, perché descrive, nella sua brutalità, un caposaldo del nostro rapporto, del mio esserti madre e tu, volente o no, il mio bambino.

Fin da quando aspettavo che nascessi, ho fatto voto di non sacrificarmi. O di sacrificarti proprio il minimo, del rispetto per me stessa che ritengo necessario a mantenermi in vita, attiva e sana. Ho sempre provato un quieto orrore per la madre che dedica i suoi giorni all'autocancellazione della specie adulta femminile.

Tutto quel patimento superfluo, quasi voluttuario.

Vivete voi, che io l'ho già avuta, la mia fetta di torta, la mia comparsata sulla scena. Vivete pure, io sarò soltanto una funzione. Un accessorio delle vostre vite.

Tutto quel martirio, recitato o reale che fosse, tutto quel tirarsi da parte e giocare di sguardi, di porte sbattute con forza, di sensi di colpa... Il quadro della femminilità subalterna ha innestato la più precoce delle mie ribellioni. La più duratura.

Ti amo profondamente, caro figlio, e prima di chiudere il becco voglio dirtelo. Ma amo profondamente anche me stessa. E non credo, per quanto possa parere un'eresia, che questi sacrosanti sentimenti siano destinati a escludersi l'un l'altro. Non ti farei questa confidenza in pubblico se fosse soltanto, come si dice, «un problema mio».

C'è un «noi», anche qui, e non è che l'ho inventato per nascondermi.

Le donne come me sono parecchie. Sono il cardine fragile, il debole sostegno delle famiglie come sono diventate.

Donne cresciute pensando la loro diversità dalla madre-martire. Amandola di pietà, togliendole valore.

Siamo donne a cui, da piccole, non piacevano le donne, in questo inconsapevolmente allineate alla disistima generale, donne cui non piaceva essere donne. Le donne non piacevano a nessuno.

Siamo donne che sono diventate madri discutendone, con perplessità e voglia di sfidare interdetti eventuali, consacrazioni aggressive, mistiche bugiarde.

Da queste donne siete nati voi, tu, altri.

Per lo più figli unici, con fratelli in partecipazione, figli unici anche loro, di altre madri, con nuovi padri o con famiglie monoparentali.

Figli di «madri anche», ecco che cosa siete.

Noi siamo «madri anche».

Nate alla maternità con ingordigia, ammassando ruoli, abbiamo gettato addosso a chi osava collocarci fra le figliole prodighe, rientrate a casa dopo le bizzarrie di piazza, quella particella del discorso «anche», una modesta congiunzione.

Noi siamo madri «anche», sorelle di chi ha deciso di far senza. Senza figli. Il massimo consapevole rifiuto.

Per quanto le nostre vite, percettibilmente, si fossero fatte differenti dalle loro, per quel transito costante di preoccupazioni per voi, abbiamo continuato a difenderle, le non-madri, a schierarci con loro.

Voi non eravate il coronamento di niente. Nessun destino. Vi abbiamo voluti, ma potevamo non volervi. Ci siete, ma non siete TUTTO.

Se la famiglia deve la sua stabilità, come dicono, al gaudioso sacrificio femminile, alla sacralità del vincolo matrimoniale, al reciproco ricatto dei ruoli fissi e interdipendenti, queste nostre nuove famiglie, che pure riproducono la specie per quanto in esemplari numerati, non si capisce come stanno in piedi.

Fra «madri anche» e padri, di conseguenza, poco padri, fratelli dimidiati e sorellastre, tutti passano per casa e tutti escono. Neppure sui nonni è tanto facile contare: non vogliono invecchiare.

Non c'è dignità, né ruolo, nelle vecchiaie metropolitane, abbacinate dalla televisione come infanzie maldestre, fra le mani un tempo di non lavoro che non riesce a trasformarsi in riposo del corpo e lavoro della mente.

I nonni vogliono, anche loro, regredire al discutibile privilegio di essere soltanto adulti, in servizio attivo permanente. Si urtano l'un l'altro per marcare i confini di un Io in espansione e incerto, come per fioriture fuori tempo, quasi patologiche. Nessuno accetta di essere arrivato, di rallentare, sintonizzato su altri ritmi.

Né gli adulti, né i vecchi.

È tutto un gareggiare con i figli. Copiarli e scansarli.

Depistarli e farseli amici. Condannarli distrattamente e vantaggiosamente vantarsene.

Mio figlio è questo, mio figlio è quello.

Mio figlio è me, con vent'anni di meno.

In questo serraglio di egocentrici, voi, come vi trovate?

Vorrei chiedertelo, ma forse te lo chiederò più avanti.

Ho cercato di non scagliarti addosso i miei piaceri non goduti, i miei doveri inevasi, tutte le occasioni che ho mancato di cogliere.

Ho cercato di non soffocarti e di non misurare continuamente le tue potenzialità di emergere, il valore specifico tuo di portatore del mio DNA.

Ci sono riuscita? Ce l'ho fatta?

Vorrei chiedertelo, ma non voglio godere le attenuanti della tua benevolenza di ragazzo. Te lo chiederò quando potrai essere severo.

Adesso non mi devi rispondere. Non ancora.

Dimmi, invece, che cosa pensi di questa famiglia così diversa da quella dei miei tempi.

Ne temi la fragilità, l'instabile struttura?

O dai per acquisito che funzioni, nonostante la libertà di padri e madri di sottrarsi alla trinità che vi comprende?

Se vuoi sapere come la penso io, ti dirò che si sta meglio a focolare spento, soprattutto se si appartiene al «genere» che avrebbe avuto, in altri tempi, in carico il governo delle fiamme, smuovere ciocchi, spalar cenere, sudare e affumicarsi.

Dalle brecce che ciascuno ha aperto, rifiutando la fissità gerarchica dei ruoli, entra, fredda e neutrale, l'aria dell'esterno.

Certo il calore si disperde, ma anche il rancido, il sentore di chiuso, tutti quei rancoretti, le inesplose disperazioni delle nostre madri, le bugie subìte e tutti gli altri torti che servivano la ragion di Stato della stabilità.

Lo so, ti stai chiedendo cosa c'entra, tutto questo discorso, col viatico, con te, con quello che ho da dirti, col tuo bagaglio da viaggio, quello che ho l'ambizione di arricchire.

Ora te lo dico. Anche se non è facile per niente dare un nome e un posto nella frase a certe sfumature d'imbarazzo.

Non fanno fare bella figura a chi scrive, in fondo, anche per professione, interrogativi che non siano nemmeno un po', retorici. Domande vere. Dubbi bassi, non sull'esistenza di Dio, ma a più umani profili.

(Lo vedi come arzigogolo e mi sperdo?)

Va bene: ora ci provo, e la faccio finita.

Il dubbio è questo e riguarda te e i tuoi compagni in età: da una famiglia come quella che, a me, tutto sommato, pare un'evoluzione positiva, voi, forse, vi sentite minacciati.

Vi vedo terribilmente tranquilli.

Dove lo celebrate il distacco, in quale nascondiglio del cuore? All'esterno, l'impressione è che vogliate difenderla, questa che prima era una galera e adesso è un instabile rifugio.

Tenete d'occhio con attenzione segreta i corti sentimenti dei grandi.

Tenete da conto parentele che noi scacciavamo via come le mosche. Vi ho sentiti parlare, quasi con apprensione, di possibili sciocchezze paterne, materne. Fumiamo sempre troppo. Ci agitiamo dentro le coppie non ancora scomposte, ne componiamo di nuove, o almeno può accadere. Siamo fallibili, non l'abbiamo nascosto. Ci ripagate con cauti rimbrotti.

Possibile che non puoi cenare senza bere? Io dalla Coca Cola so staccarmi.

Se siamo fuori, ci telefonate.

Temete le tossicodipendenze nostre, quanto i giornali temono le vostre.

Mia madre diventa matta se non scrive.
Ti ho sentito, sai? Ho orecchie da segugio.

Della mia adolescenza ricordo gli inconfutabili giudizi, miei, dei miei amici. Se una madre, un padre, entrava nel raggio d'attenzione dello sguardo dei figli, era perché aveva negato qualcosa, il permesso di andare da qualche parte, il libero accesso a un'avventura. I genitori erano scogli, ostacoli messi per traverso, che impedivano il fluire dell'emancipazione, la corsa della crescita.

La loro vita non ci interessava.

Nessuno si prendeva la briga di guardarli.

Eravamo razzisti: chi non era come noi, era peggio di noi.

Avevamo occhi soltanto per il ruolo, la funzione: madre, padre. La persona che lo rivestiva era un'ombra. Niente. Niente su cui valesse la pena di soffermarsi.

È nata molto tempo dopo, la pietà per i difetti, la scoperta di pregi che non avevo riconosciuto, in quanto dissonanti con il modello prescelto. Molto tempo dopo, si sono incarnate, le ombre di mio padre e di mia madre, in due persone.

Mentre aspettavo che tu nascessi, a tratti, mi invadeva la ragionevole paura di raccogliere prima o poi, con te, la tempesta seminata dal vento della mia giovinezza.

Erano immagini brutali e vaghe, spezzoni di memoria in cui tu eri me (non sapevo che saresti stato un maschio), e io ero un'idea di quarantenne metà strega e metà contessa. Balorda ed elegante, con preziose mantelle di seta gettate a cavallo della scopa.

Mi avresti detestata, e io sarei volata via, ti avrei abbandonato, non sarei rimasta lì, a farmi dimenticare un tanto al giorno, dai dodici anni ai venti, fino al completo arresto della comunicazione e dell'amore.

Nessuno di quei timori si è verificato fino a ora.

Anzi: con stupore, ti ho scoperto guardarmi, perfino

trattenermi con lo sguardo. Distratta da una gratitudine smisurata, e dalla soddisfazione dell'artigiano che ammira l'anima del suo manufatto, ho impiegato un po' di tempo a riconoscere il sentimento che provavo.

Era orgoglio e delizia, o ansia e preoccupazione? Delizia. Ma anche preoccupazione, per la mutazione genetica che il vostro comune garbo lascia intendere.

Non si tratta soltanto di te e dell'eccentrica intimità che ci lega. Siete così un po' tutti, con diverse gradazioni di grazia.

Secondo indagini pubblicate dai giornali: percentuali elevate di ragazzi vanno d'accordo con la mamma, stimano i genitori una guida, apprezzano i loro consigli, si trovano bene in famiglia, dichiarano che non potrebbero piazzarsi nel mercato e nel mondo, senza l'aiuto, il sostegno, il lavoro preparatorio della generazione precedente, amabile per legami di sangue.

Mediamente carini e insensibili, dolci e distratti, consumatori e conservatori, come si stanano i ragazzi di oggi?

Secondo un sondaggio recente, «scappano di casa» intorno ai ventinove anni. Io ne avevo diciannove quando sono andata a vivere da sola, tuo padre diciassette.

Per carità, non voglio farti fretta, non fraintendermi, non è, la mia, una mancanza di ospitalità.

So che su questo tema ti offendi facilmente.

Ma lo immagini anche tu, come me lo sto figurando io, il pupone di trent'anni, nella sua cameretta di ragazzo?

Che ci fanno tre adulti ammucchiati nella stessa casa?

Se la crescita è una progressiva assunzione di responsabilità, quando cresce l'anziano «cocco di mamma liberata»?

E perché mi piace così poco?

Conservare il proprio figlio in perfetta e soddisfatta dipendenza per anni ventinove, potrebbe passare per un record.

E del record comportare tutta l'implicita esultanza.

Siamo diventate così simpatiche, permissive, equanimi, e maternamente gradevoli che i nostri figli non ci vogliono più mollare?

Per delle atlete che hanno cominciato la gara contestandone la centralità, che non corrono soltanto come madri, ma sono in pista per tre specialità (femmine, mamme, maschi), non è forse un bel risultato?

No, non è un bel risultato, o almeno non mi pare.

Un bambino di ventinove anni rappresenta un fallimento educativo assai più della monella che ero io.

Dice, chi non vuole allarmarsi, che la responsabilità, la spiegazione del fenomeno, sarebbe da ricercarsi nei fitti proibitivi, nel mercato del lavoro e immobiliare.

Una questione di costi della fuga, soldi, non elaborazioni o conoscenze, consapevolezze, coscienza di sé, condizioni interiori, insicurezze o altro. Niente che non possa essere contato e archiviato come crisi economica, una categoria davvero accogliente in questi tempi, parafulmine per qualunque sconfitta, anche personale.

Tu che ne pensi?

È per i soldi che non se ne vanno questi tuoi stagionati predecessori?

Non ti irrita che vi tolgano spazio, restando abbarbicati a diritti scaduti per loro che sono ancora vostri?

I soldi: non per fare la zia inacidita che si vanta dei suoi anni d'oro, ma noi (e mi viene la tentazione di scriverlo maiuscolo) pur di cominciare da soli, si andava a coprire ruoli subalterni, nell'organizzazione sociale. Si vendevano saponette porta a porta, enciclopedie a rate, una mia amica, che tu conosci bene, ha fatto in Germania la donna delle pulizie, si acchiappava con gratitudine ogni supplenza, ogni proposta di baby sitting, si portava a far pipì i cani delle signore milanesi, con il fisico adatto si faceva il muratore avventizio, si dipingeva l'interno delle case, a Natale si copriva la superdomanda di commesse, nelle librerie, nei negozi di giocattoli. A nessuno, ti prego di prendermi in parola, a nessuno si era aperto il mercato del lavoro, nel senso pretenzioso del presente. Me ne andrò di casa quando avrò finalmente firmato un contratto con una rivista importante. Non riesco a trovare un posto da corrispondente, me ne andrei se il «Corriere della Sera» mi mandasse a New York. Possibile che Fellini non mi noti? È tre anni che prendo lezioni di chitarra e non mi hanno ancora proposto un disco. Dorme la RCA? Me ne andrò quando avrò fatto almeno una colonna sonora, una personale, un film, un libro di successo.

L'idea del lavoro manuale non sfiora il ventinovenne adolescente. Lo disgusta l'ufficio.

La ripetitività non gli si addice. I suoi meriti gli meritano un'attività corroborante, impegnativa di mondanità e povera di sforzi, creativa perché dagli anni settanta in poi la creatività ancora si porta, e remunerativa perché gli ottanta hanno introdotto quel principio un po' grossier e americano del «vali quello che guadagni», sei i soldi che hai, se non ne hai, non sei.

Mi guardi con la consueta autorevole vaghezza. Ti ho spaventato?

«Non so», dici, «credo che mi piacerà andarmene.»

«Naturalmente,» dico, per rassicurarti, «se ci saranno determinate condizioni...»

Mi freno, mi vergogno... non sono mai stata così bloccata.

Tu non mi ascolti. Prometti, per compiacermi, che sarai cattivo.

Che te ne andrai. Come nell'inversione di una fiaba.

Te la ricordi l'epoca delle avventure di Chantàl? Risalgono più o meno alla fine delle Storie Spaventose.

Tu avevi sei, sette anni e parlavamo insieme di tua moglie.

Sarebbe stata francese come piaceva a me, che sognavo di essere francese da bambina.

Bionda, come piaceva a te, che hai sempre avuto la mania delle bionde (adesso sai precisare anche le sfumature, prima eri più vago), simpatica per tuo volere e coi calzoni.

Avrebbe giocato «a tiri in porta» senza pretendere di stare in porta sempre lei, sarebbe stata brava ma non bravissima e comunque non di quelle che si mettono a piangere se sbagliano. Per mio volere avresti avuto due figli, perché aspiravo a un futuro di doppia nonna, non avendo osato l'avventura del secondogenito, enfatizzavo «i fratellini».

Tu dei figli non eri entusiasta, ma nel caso si sbrigassero a deambulare quanto basta per rincorrersi, eri disposto ad accettarli. «Anche se i bambini piccoli sono dei brocchi», come aggiungevi piuttosto puntualmente.

Con Chantàl sareste venuti a trovarmi e avremmo fatto conversazione. La prospettiva ti faceva ridere.

Immagina, insistevo io, te e Chantàl seduti sul divano a casa mia, che quando sarai grande non sarà più a Roma, e i bambini in giardino a giocare.

Su quel particolare, mi ricordo, una volta ti sei improvvisamente irrigidito, come per un fervore interrotto, stavi quasi per piangere, e non ti somigliava, quell'espressione da capriccioso. Sei scappato, e non era mai successo perché inventare con me ti piaceva, era un gioco di cui eri ghiotto.

Quello che era successo l'ho capito qualche giorno dopo, tornando sul discorso. Non c'è stato bisogno neppure di rivolgerti una domanda diretta.

Appena ho ripreso l'immagine di te e di tua moglie seduti sul divano del salotto, mi hai fermata.

«No,» hai detto, con una sfumatura di ferocia, «non voglio. Non giocavano solo loro. Ero fuori anch'io. Anch'io potevo ancora giocare.»

C'era un piccolo giardino con le altalene, qualche pertica, una minima giostra, un catino ripieno di sabbia recintato in cemento. Non era esattamente Eurodisney, ma mi piaceva molto.

Mi ci portava tua nonna, da Laigueglia, dove si trascorreva l'estate, quando andava a fare spese ad Alassio, distante tre chilometri e più grande, più cittadina.

Un giorno, arrivando, come sempre, trepidante e decisa a godermela, trovai il giardino chiuso.

Fu un vero colpo.

Tua nonna, per darsi e darmi una ragione, andò a informarsi sui motivi del tragico evento. Io ero ammutolita, non osavo piangere, perché i capricci non erano benvisti in famiglia, ma ero piena di lacrime.

Aspettavo. Quando tua nonna fu di ritorno, era tutta sorridente. «Ho una bella notizia. Questo giardino sarà demolito, ma poco più in là incominciano a costruirne un altro. Molto più grande e più bello. Con più cose. Una vasca coi pesci, le biciclette... forse anche dei cavallini veri, col carretto, per andarci sopra.»

In preda a un subitaneo sollievo, chiesi quando sarebbe stato pronto, il nuovo giardino, se potevamo già andarci la settimana seguente, quando lei fosse tornata a fare le sue commissioni.

Mia madre sorrise paziente, certe volte ero proprio sciocchina: «Incominciano a lavorarci l'anno prossimo, ci vorranno almeno tre, o quattro anni perché sia pronto, bisogna anche piantare gli alberi...».

Eravamo nel 1958 e io avevo sette anni.

Feci un rapido calcolo, 59, 60, 61... nel sessantuno avrei avuto dieci anni.

Scoppiai finalmente in lacrime.

«E se non mi piace più, a dieci anni, giocare nei giardini?»

È stata la prima volta che ricordo d'aver provato la sensazione terribile: non sarei stata bambina per sempre.

Più piccola, non andavo ancora a scuola. Tua nonna non aveva ancora la patente, neppure i benestanti sprecavano il denaro per viaggiare in taxi, negli anni cinquanta. Quando andavo a «fare le compere», come si diceva, con lei, io e mia madre ci servivamo dei mezzi pubblici. Si fermò un tram e io lasciai la mano che mi teneva per correre e salire sul predellino. Mia madre mi richiamò arrabbiata. Che cosa fai? Dove vai? Dove scappi? Non è questo il tram che dobbiamo prendere.

Tornai accanto a lei, in preda a un'angoscia inspiegabile, la stessa che ha fissato la memoria di quel momento così lontano. Dunque mia madre sapeva distinguere fra un tram e l'altro, conosceva le loro mosse, i percorsi, intuiva, o forse piegava, la volontà dei guidatori.

Certo ciò era reso possibile dal fatto che era adulta e, appunto, madre. Ma io, avrei saputo fare altrettanto?

Quanto tempo mi restava per imparare? Ero in grado, io, di diventare grande? L'avvilimento doveva essere così evidente sulla mia faccia bambina che tua nonna, pensando di avermi ripresa con troppa foga quando le ero scappata di mano, mi portò, appena scesa dal tram, a mangiare un gelato, seduta, alla cremeria.

Negli anni cinquanta, neppure i benestanti sprecavano soldi nei gelati. Era un premio. Ma non poteva consolarmi.

Conosco il travaglio che costa affossare l'infanzia. Lasciare una delle stagioni della vita per entrare nella successiva, è una fatica mentale, un supplizio del corpo e della nostalgia. Si porta dietro regressioni veniali o mortali, accenni di paralisi, parossismi di depressione. Da dieci anni, anzi da tredici, da quando sei nato tu, forzo la soglia della doverosa maturità e ancora non sono riuscita a entrarci, a passare dall'altra parte, nella stagione seguente, tutta intera.

Vedi bene che sarei la persona meno adatta, se lo scopo di questa chiacchierata fosse di farti la lezione, di spingerti ad accelerare i tempi, a liquidare il passato.

Mi diresti: senti da che pulpito storpiato parte cotanta predica.

E avresti ragione da vendere, per usare una frase cretina.

Naturalmente non si tratta di vendere ragioni, né di correre verso il traguardo non poi così appetibile dell'essere grande.

Si tratta di non averne paura.

(Adesso lascio uno spazio, perché voglio di nuovo parlare della «società», della cultura in cui viviamo e che ci condiziona. Voglio dire una cosa a cui tengo tanto. Sto alzando la voce, sta' attento.)

Siamo arrivati al punto che crescere è diventato un disvalore. È dei vecchi, il minimo successo sociale.

Per ottenere il perdono della colpa di essere anziani, occorre diventare potenti, rimaneggiarsi il viso se si è donne, essere ricchi, influenti.

L'aver vissuto, in sé, è meno di zero.

Infatti, i vecchi non raccontano. Non spartiscono più con gli altri il loro patrimonio, non hanno memoria, oppure la tengono dentro, vergognosi, certe volte facendosi del male.

I vecchi sono costretti a fingere e a dimenticare. Fanno mostra d'avere dei progetti.

Quasi il tempo non esistesse che come presente o futuro interminabile.

È tale il terrore di un così lugubre tramonto che ci si applica al gioco di tenerlo lontano, fin dall'alba.

Si trascina l'infanzia e poi l'adolescenza, allo stesso modo, è trascinata. Si è detti giovani a quarant'anni, se per caso fortunato si appartiene, come te, al genere maschile.

A cinquant'anni si proclama, con la civetteria di chi si vuole denigrare, ma aspetta l'assoluzione dagli astanti, d'aver raggiunto «alfin la mezz'età».

Ma come? Forse che la vita media è di cent'anni?

Non voglio, credimi, essere inutilmente crudele. Anch'io sono immersa nel flusso, bamboleggio come tutte, ma non lo faccio volentieri. Ho coscienza della mia scelleratezza.

Per quanto faticosamente, continuo a muovermi contro corrente, e appena ce la faccio, provo a risalire sull'argine, a mettermi all'asciutto, e da lì guardo arrancare gli altri.

Anche per te voglio farlo, voglio staccarmi dal branco.

Ho solo la mia vita da mostrarti e, purtroppo, dati i tempi, o la personale pochezza, non è più imitazione di niente, né di Cristo, né d'altro, la vita della gente.

Il poco che riesco a capire, di volta in volta, lo deduco dall'osservazione della sofferenza. Non ridere. Proprio così, guardando soffrire, come per una perversione involontaria, capisco delle cose. E altre ne penso.

Vedo la gente soffrire per questa foga di rallentare il tempo. Vedo discriminati i vecchi. Vedo i ragazzi acciambellati sotto il tetto paterno a ventinove anni, come gatti di casa decrepiti, senza voglia di dar la caccia ai topi o andar per tetti.

Vedo me stessa, mentre provo a distendere le rughe sotto gli occhi, e te preoccupato di quello che ti aspetta. Voglio dirti che non è brutto crescere.

Neppure nella tetra variante di invecchiare.

Non è brutto. Perdi di leggerezza, acquisti peso.

Ma il peso è stabilizzante. Non è male.

E non viene necessariamente per nuocere.

Crescere è accumulare. È ricchezza. È il succedersi delle esperienze. Se si ricorda di non dimenticare neppure le trafitture di delusione o i dubbi, è quell'arte meravigliosa di imparare che, fino alla fine, può mantenerci umani, può spalancare i cancelli che separano un'età dall'altra e rendono così dolorosi i passaggi.

Io ti guardo, fin da quand'eri piccolissimo, come si guarda la sabbia nella clessidra.

Guardarti crescere è veder scorrere il tempo.

Niente si perde. Nessun tempo è inutile.

Anche a te piace guardarmi invecchiare, l'ho notato.

Ti senti più protetto se io mi sporgo con minore entusiasmo verso la gente fuori, quelli che passano al di là della porta?

Se ti può far piacere, se ti aiuta, posso restare anche più ferma, almeno finché tu non sei partito.

V

ESSERE GRUPPO, ESSERE INDIVIDUI

Nella riproduzione del reale che ci fornisce la televisione siete sempre almeno in dieci. C'è il leader naturale, il ciccione, la bambola, la timida e il genio con gli occhiali. Quattro gregari, il gatto e il mascalzone. Questo quando siete i giovani «fiction», ragazzi «Della terza C» o «Del muretto», in «vacanza di Natale» e d'agosto. Se siete commedia siete amorazzi e bravate. Se siete «emotional», come il docu-drama o il saggio-inchiesta, siete, presumibilmente, a rischio: tossico, microcriminali, malati, violenti, marginali. Fra la barzelletta e la sciagura, si stende, vergine, il terreno delle vostre vite. Nessuno che si azzardi a raccontarvi come siete, anche interiormente, non solamente corpi fotogenici.

Ragazzi vuoti, recitano i titoli delle teorie settimanali basate su onesti sondaggi.

E voi vi comportate di conseguenza, per pigrizia o per dispetto.

Vi rispecchiate nell'immaginario suggerito dai mezzi di comunicazione oppure non ve ne importa un accidente?

«*Terza C* la guardavano tutti, però ero ancora alle medie. Faceva schifo, faceva ridere. Qualche volta. Comunque era roba inventata. E lì è una questione di gusti. Non ti scocci se si inventano una cosa cretina, coi protagonisti della tua età. Ti scocci se la pataccano per vera!»

«Se posso dire la mia, anche noi ci si riteneva irrappresentabili. Ogni immagine di noi ci andava stretta.»

Mi guarda, con un barlume inquietante di invidia.

«Voi,» dice, «vi pigliavano un bel po' più sul serio.»

Scarto una serie di possibili risposte, per un motivo o per l'altro inopportune.

Le costanti, le variabili: ne abbiamo già parlato, quanto siamo stati diversi e quanto uguali.

Gli anni settanta, gli anni novanta: ci mancherebbe ricominciassi coi confronti. Lui è furbo, ma non devo abboccare.

Via, un piccolo sforzo, un po' di biografico pudore.

«La televisione ai miei tempi...»

«Non l'avevano ancora inventata.»

«Bianco e nero, due canali...»

«Puah.»

«Però ce n'era una in ogni caverna, poi, quando hanno inventato la ruota...»

«"I ragazzi delle caverne". Ti riconoscevi nell'immaginario fiction proposto dai ragazzi delle caverne? Eravate sempre in dieci. Il leader, il ciccione, la timida... il genio. Il genio inventava la ruota. E il mascalzone allevava dinosauri.»

«Meno male che mi hanno presa sul serio da giovane, perché adesso...»

«Bisogna scegliere, non si può essere presi sul serio sempre, o da giovani o da vecchi. Noi da vecchi saremo un sacco considerati, visto che adesso non ci si fila nessuno.»

«Te lo auguro, in fondo da vecchi ci si tiene di più.»

«Mmmm.»

Fine della comunicazione.

Peccato.

La sua attenzione è un congegno a tempo, mai più di tre minuti. Non mi sto lamentando, non è un trattamento riservato a me, tre minuti è l'attenzione massima dedicata a qualsiasi impegno che, a torto o a ragione, si possa iscrivere sotto la voce «serietà». Greco. Discorsi, libri. Soltanto il cinema, anche quello serio, forza il limite, merito delle immagini, nutrimento della sua generazione fin dalla primissima infanzia.

«Scusa,» dico, con un tono che non mi piace proprio, mentre gli tolgo di mano il giornale, in cui si è incagliato per sfuggirmi.

«Becker» si lamenta debolmente «c'era una cosa su Becker... lo sai chi è Becker?»

Lo blocco prima che mi trascini amorevolmente in una delle sue dissertazioni sportive a titolo di compensazione dialogo.

«Avrei ancora una curiosità, posso?»

«Su Becker?»

«No. Su di voi.»

Non lo dice, ma io so che lo pensa: perché non ho avuto anch'io, in sorte, per volontà divina, una mamma che si fa i fatti suoi. Ce n'è, ne ho viste.

«Allora, posso?»

«Mmmm.»

«È vero che state sempre in gruppo, sui muretti o sui banchi o in discoteca o in estasi o in piazzetta... »

Si rivolta, seccato abbastanza da mettere fine al colloquio.

«Perché? Voi non state tutti in coppia?»

«Non arrabbiarti, mica era una critica.»

«Neanche la mia. A nessuno va di stare solo.»

Lo sai? Mi sono preziosi i nostri tronconi di dialogo.

Ti osservo da quando eri piccolissimo, ma adesso anche tu mi osservi, e questa è una novità piuttosto elettrizzante.

Mi affascina il tuo punto di vista.

Ci lega, momentaneamente, il tenue filo d'un rapporto reciproco. È raro, quando si è figlio e madre.

È raro e dura poco. Di regola l'interesse materno è del tutto univoco.

Ma io, che sono incosciente, me la godo, questa tregua benefica. Questa fase fàtica.

Prima, il dialogo era interpretare i tuoi gesti.

Te ne ricordi? No, naturalmente. Io invece sì.

Senti che cosa ho scritto, avevi un po' meno di un anno.

3 dicembre 1979

«Mio figlio, con imprevista energia e uno stupore vagamente drammatico, avvicina un palloncino rosso quasi sgonfio.

«Si arrampica al cordino con le mani, fiducioso.

«Si drizza quasi sulle zampe ancora inabili, grassocce, molli.

«Pensa davvero che il palloncino possa sostenerlo?

«Io lo osservo sorpresa, rapita, come assistessi a una specie di miracolo. E intanto penso: quanto tempo mi ruba. Questo tempo lo devo impiegare?

«Lui si aspetta un sorriso e io sorrido.

«Batte le mani. L'ha imparato da un mese. Mi aspetta al varco. Ancora incerto sull'uso degli occhi e delle labbra, organizza un'espressione orgogliosa.

«Le mani adesso devo batterle io. Per la gioia mette il cordino in bocca. Glielo tolgo, o ne metto, a mia volta, in bocca un pezzo? Lo amo con accurato mimetismo. Ma non sono certa che il mimetismo sia una soluzione educativa.»

Parecchi anni dopo...

2 ottobre 1992

«... Quando siamo io e lui, è come se fossimo appena ritornati da un viaggio. Ci raccontiamo le nostre avventure. Io rido delle sue, lui delle mie. Ciascuno è grato alle parole dell'altro.

«I due mondi non comunicanti di cui siamo, l'uno

all'altro, ambasciatori, ci conferiscono poteri straordinari. Non c'è attrito, né giudizio. La nostra è una diplomazia bloccata dalla distanza, nessuno vuole annettersi il mondo dell'altro, sazi del buon umore che ci provoca parlarci, ci lasciamo, senza stabilire appuntamenti. Ma la cadenza degli incontri è regolare.

«Non cerco di nascondere la gioia. Del resto non potrei.

«Non erano dei cannibali e dei bruti, i figli adolescenti?

«Non doveva, il dialogo, bloccarsi? Non era come avere un mostro in casa?»

6 novembre 1992

«Buffo, eravamo in campagna e lui era con due amici.

«Ho percepito nettamente che la mia presenza gli imponeva un copione di aggressività. Niente di accentuato, giusto un malgarbo, leggermente esibizionistico. Lo porgeva agli altri?

«Era una sorta di conformismo ornamentale, una belluria giovanile come certi giacconi o le Reebok con le stringhe slacciate?

«Lungi da me l'idea di lamentarmi. Non mi ha mica piantato un coltello fra le scapole! Non ha fatto un uso smodato del romanesco che detesto, e avrebbe potuto. Ha semplicemente rifiutato l'offerta di un maglioncino con inusitato vigore. Il sole era calato e il sudore ghiacciava certamente al di sotto della sua deliziosamente infantile divisa da portiere della Nazionale di Nonsodove.

«Si scambiava occhiate di martirio con i suoi amici: le madri con i loro maglioncini. Ti inseguirebbero in capo al mondo.

«Possibile che un uomo non abbia il diritto di congelare in santa pace?»

Fine. Che ne dici?

Mi guardi attonito, vagamente scandalizzato.

È perché ho scritto qualcosa di te? O piuttosto perché ho avuto l'ardire di leggertelo? Brani scelti dalla bizzarra antologia della mia attenzione per «il figlio», per l'evolversi della nostra relazione: pensi anche tu, come molti, che avrei dovuto farne sei di bambini, per non avere il tempo di contrarre questo vizio di osservarli? Ogni tanto qualcuno me lo dice, sai?

Pare che la trascuratezza sia un clima più adatto a farvi crescere, l'attenzione sprigiona un calore da serra in cui i ragazzi, come pomodori invernali, verrebbero belli e insipidi, senza il sapore naturale della maturazione.

Lo pensi anche tu?

«Perché mi guardi così? Lo sai che ho sempre avuto attitudine al diario...»

«Le femmine.»

«Già, le femmine.»

«Lo fanno per fare le misteriose, loro, lo tengono segreto, tu no.»

«Io, se non scrivevo quello che pensavo o sognavo o mi era successo... mi sembrava di non vivere. Se non mettevo giù la descrizione di un ragazzo, non riuscivo a innamorarmi.»

«Io preferisco inventare storie. Che senso ha scriversi addosso?»

«I maschi! Le femmine amano rispecchiarsi, i maschi divergere da sé, si divertono dimenticandosi. Pensa allo sport... »

«Non ricominciare con la storia della superiorità di quelli che non si occupano di calcio.»

«No, no, per carità.»

«Però rileggersi deve essere divertente.»

«Al contrario, è un supplizio. I miei "io" di tempi precedenti a oggi, sono ricoperti da una polvere di esaurite sciocchezze. La memoria è una persecuzione: ti vedi come eri e come sei, in fondo così poco diversa... e allora rinunci a giudicarti, tendi, piuttosto, a riconoscerti, a prendere atto di te stessa...»

«Quindi non me lo consigli?»

«Vorresti tenere un diario?»
«Giusto per renderti la pariglia.»
«Ne sarei lusingata.»
«Però sono in ritardo di tredici anni.»
«Mi sono persa il meglio, gli anni in cui ero tutto per te, il bene, il cibo, la felicità, la luce... Altro che le madri con i loro maglioncini che ti seguirebbero in capo al mondo!»
«Possibile che un uomo non abbia il diritto di congelare in santa pace?»
«Certo che hai il diritto di congelare in santa pace. Cioè: ce l'avrai molto presto.»

Nel frattempo, credo di sì, che ti sia utile, usare del diritto di quaderno o diario, è una bella cura ricostituente quotidiana, aiuta a difendersi dai vuoti, dalla noia, dalla fretta... ma su questo torneremo più avanti, nel capitolo dei Trucchi e degli Imbrogli.

Adesso il punto è il Gruppo e l'altro punto è l'Individuo.

Come ho scritto quel giorno di novembre, tu, quando sei con gli altri, ti trasformi. Non fare quella smorfia da torello, in diversa misura, capita proprio a tutti. Per gli altri ci si imbellisce, si trucca il discorso, ci si fa più buoni, per gli altri si esibisce un nuovo acquisto, si drizza la schiena, ci si addobba.

Gli altri sono il nostro specchio.

La loro approvazione ci tonifica, ci dà esistenza che ci riconoscano, se dicono di condividere un pensiero o la sensazione che proviamo, subito ci sentiamo meno soli. Più adatti a stare al mondo.

Per gli adulti, «gli altri» variano di valore: ci sono quelli superiori in via gerarchica, la cui approvazione è necessaria, quelli cui si è legati da attrazione, la cui approvazione va conquistata, quelli vicini per vincoli di sangue o d'affetto la cui approvazione, spesso a torto, viene data per sottintesa e infine quel vasto e indiscriminato «altro da sé» che è chiunque, il mondo, l'opinione pubblica. L'approvazione dell'opinione pubblica funziona da deterrente per tutti, da propulsore a far bene per chi esercita una professione di facciata, esposta, come cantanti, attori, artisti, scrittori, politici, giornalisti e via esibendosi.

Per gli adulti, gli altri non contano tutti nello stesso modo. Gli adulti non si raccolgono in gruppi di simili, non hanno accesso alla divisione per età. Costruiscono anch'essi piccole fortificazioni socievoli, amici, colleghi, gente che gioca a carte insieme o che insieme ama andare al cinema. Vicini di casa, vicini di ombrellone. Sono beni scarsamente durevoli i gruppi di adulti. Un malinteso, una pigrizia, un trasloco li può disintegrare. Con un minimo di buona volontà se ne formano altri.

Un po' più in là, un po' più stretti, un po' più larghi, un po' più scemi... ma non ha importanza.

Il gruppo per gli adulti è un optional, in fondo.

Chi ha buone spalle ne può fare a meno.

Quando c'è, il gruppo degli adulti è meno ansiogeno di quello dei ragazzi, perché lo regolano le leggi della Buona Educazione.

Se la signora Melania, moglie del delizioso Roberto, è considerata sommamente cretina, se pensi che veste come una pin up, che ha una voce da baritono e opinioni copiate dai giornali, mai e poi mai al mondo ti verrà l'uzzolo di dirglielo.

Non lo dirai, che non ti piace, o quantomeno non quando lei può sentire.

Da adulti, meno ti piace una persona, meno glielo dici.

La sincerità è rara e si investe soltanto quando vale la pena.

Non ne vale la pena quasi mai, nei gruppi di adulti, di investire sincerità per qualcuno. La sincerità costa. Per il gruppo l'adulto non spende molto di se stesso. La sua funzione è, per lo più, far scorrere in lieta distrazione il tempo di non lavoro. Per favore, non chiedermi «distraendosi da cosa».

Dovrei partire per una divagazione in quattro tempi.

E non ne ho voglia.

Se devo essere franca, non ho proprio voglia di continuare a parlarti del modo di raggrupparsi degli adulti. Mi provoca una forma di tristezza alquanto regressiva.

Non mi piace la cerimonia disattenta che ha sostituito l'impeto giovanile di cercare i propri affini.

Mi raggruppo poco, infatti.

Forse perché distrarmi non mi pare così essenziale.

Non mi è essenziale il gruppo.

Per voi, al contrario, è importante davvero.

Ed è chiamato a più nobili funzioni.

Correggimi se sbaglio, ma mi sono formata l'opinione che l'essere, come vi mostra la televisione, sempre in dieci, vestiti con variazioni dello stesso abito, sia rassicurante. Mirato com'è, in un certo senso, a pareggiare le forze con l'adulto, unico in classe, e a coppie o unico in casa, così palpabilmente più potente.

In gruppo, diventate più aggressivi.

Ridete forte e guardate, in strada, il passante che sfiora o attraversa lo spazio di cui vi siete appropriati, con l'insolenza di chi si sente forte.

I vostri occhi – mirabilmente sfrontati – si attardano con intenzione sul corpo di chi passa ed è già vecchio (non importa quanto, può avere anche trent'anni), sembrate controllare la lentezza con cui si riproducono le cellule. Spiate il passo non più elastico, esagerate i difetti.

Lo spiritoso del gruppo si esibisce magari in una caricatura. Si fa grosso, claudica, gonfia le gote...

A Roma, che si avvale di un dialetto particolarmente penoso, si sentono echeggiare, dal gruppo adolescente, frasi di questo tipo: «Anvedi quella aò...».

Davvero punitive.

Ti confesso, visto che sono in vena di lagnanze, che più d'una volta mi sono messa in salvo, sul marciapiede opposto a quello dove bivaccavano gli studenti, fuori da una scuola superiore.

Quasi sempre, sono riuscita a dotarmi di un sorriso sufficiente, te lo giuro.

In fondo mi diverto di me, che scappo via, quasi fossero recenti, i sensi d'esclusione, da fine della prima giovinezza.

Mi diverto di voi, che quando siete in gruppo prendete in giro i grandi, come per scaldarvi, per darvi forza, battete i piedi ed è un tambureggiare che imita modalità di guerra estinte da vent'anni, eppure eterne.

Da soli siete ancora fragili.

Almeno in due o in tre, dovete stare, per darvi una corazza.

(Le madri coi loro maglioncini, ti inseguirebbero in capo al mondo.)

L'essere figli unici non giova: non c'è fronda possibile contro lo strapotere degli adulti. Grandi due, piccoli uno.

Dovrebbe essere al contrario, il rapporto.

Tu conosci la mia naturale tendenza, il mio *penchant* per i sensi di colpa.

Non averti fornito di fratelli, per certe paranoie non risolte, mi ha imposto un'ansia di socializzarti, come si dice in gergo «avere amici».

Da sempre, ti invitavo a invitare.

E tu, eri riottoso fin da piccolo.

Di prendere l'iniziativa non ti andava.

Facilmente, ti sentivi invaso, ti piaceva la festa, ma provavi il bisogno di vederla finire. Ti estenuava.

Difficilmente ti convincevo a invadere, ad andare tu, nelle case degli altri.

Timido? No, non credo. Ti trovavi benissimo, quando partecipavi alle mie occasioni sociali, unico piccolo in una cena di grandi. Ti sono sempre piaciuti i miei amici e sempre tu sei piaciuto a loro.

Eri sveglio e capace di interloquire a tono, ma sapevi stare zitto. Non eri l'*enfant prodige* monopolizzatore. Non ti esibivi. A un certo punto e su qualunque letto, te ne andavi a dormire. Dopo aver salutato, uno per uno, tutti quanti, come ti avevo insegnato a fare, e come eseguivi, fra lo stupore degli astanti che da una signora coi miei trascorsi politico-culturali si aspettavano pedagogie antiautoritarie, produttrici di cattive maniere.

C'era sempre qualcuno, quando ti portavo a casa d'altri, che ti lodava e io scherzavo, minimizzavo, ma splendevo come ogni altra madre in analoghe e deliziose circostanze.

Non ti intimidivano i grandi. Semmai i ragazzini.

Te l'ho chiesto, mi ricordo, una volta, qual era il problema.

E ti ricordi che non mi hai risposto?

Non ti è mai piaciuto che ficcassi il naso nei tuoi commerci umani con i coetanei.

Un giorno ti ho sgridato, perché non «socializzavi» con certi figli di certi amici miei.

Hai assunto un'espressione di collera paziente.

«Parli proprio tu, che questo non ti va e quell'altro nemmeno.»

«Ma sono ragazzini della tua età,» ho protestato, debolmente.

«Perché, tu sei amica di tutti quelli che hanno trentotto anni?»

Tu ne avevi dieci.

E avevi ragione.

C'è la tendenza a considerare i bambini, i ragazzi, come una nebulosa uniforme. Una compatta casta di diversi.

Presumibilmente decifrabili col tranquillo alfabeto proiettivo di chi, per quelle porte, è già passato.

Questo è un errore, è vero, e vi fa sentire incompresi.

Sentirsi incompresi è una sofferenza molto stimolante, non credi?

Sono lieta di avertela fornita, di tanto in tanto.

E non penso affatto che questa «lettera aperta a un figlio» possa ridurre l'enigma costituito da te come persona. Ti vedo e non ti vedo. Mi sei chiaro come l'incarnazione di me stessa e poi, all'improvviso, mi stupisci.

Ti penso e mi applico a capirti, ma non mi proporrò di capire troppo. Te lo prometto.

Adesso che sei quasi già cresciuto, non gestisco più direttamente la tua esistenza associativa.

Non si invitano per la merenda gli amichetti, quando si ha un figlio in odor di adolescenza.

La spremuta, la cioccolata calda, i biscottini.

Le sorprese nei pacchetti di carta luccicante, da far vincere a tutti, perché sono tutti bambini...

È un sollievo non aver più la responsabilità che tu ti apra agli altri, che insieme vi possiate divertire.

Per fare star bene un figlio tredicenne basta levar le tende, alzare i tacchi, mollare il territorio all'invasione.

Vietato proporre i figli degli amici, sarebbe come gettar la rete, per controllare dall'alto i pesciolini.

Sarebbe anche classista, se mi passi la parola poco usata.

Un desiderio di omogeneità sociale che non perdonate, essendo, come siete, generosi, aperti e poco inclini a valutare componenti come «l'aria che si respira in quella casa».

Per gioco certe volte ti ho chiesto, quando mi parlavi di un compagno nuovo: «Che fanno i suoi?» (non più «suo padre», anche le mamme, si sa, fanno qualcosa).

Mi hai risposto con uno sguardo oltraggiato: come potevo formulare domande così fesse?

«Mica ne parliamo! Non ci interessa proprio un accidente!»

Hai ragione di nuovo.

(Ti piace o ti dà ai nervi quando lo riconosco?)

La curiosità, di cui sono rea confessa e penitente, devo anche abituarmi a limitarla.

«Di che cosa parlate?», azzardo.

Gesto di insofferenza a scelta: spallucce, scatti del collo.

Improvvisa attenzione per il pelo, per la schiena del nostro cane che, forse, guarda mamma, c'è una zecca, oppure è un pidocchio. E infine uno spompato e flebile:

«Di niente.»

«Come si fa a parlare di niente?»

«Niente di particolare.»

«Non parlate mai di voi?»

«Noi chi?»

«Voi stessi. Io sono così. Tu come sei. Sei come me, non sei come me. Io penso questo, tu che ne pensi. Io credo in questo, adoro questo, quello mi piace... sai com'è, no? L'andamento della conversazione.»

Uno sguardo solenne.

Una smargiassa e alquanto dimostrativa smorfia da uomo di larghe vedute, cinico il giusto, deciso a chiamare le cose con il loro nome.

«Il succo è prendersi a pugni.»

«In che senso?»

«Nel senso dei cazzotti. Ma sono ammessi anche gli spintoni. Tirarsi lo zaino addosso. Rincorrersi all'uscita da scuola. Devo punire uno. C'è uno che mi placca. Se me lo tieni fermo ti pago una pizzetta. Ieri con due pugni nello stomaco mi sono guadagnato duemila lire. Non guardarmi così. Non è manovalanza del crimine. È sopravvivenza, almeno un po' bisogna stare al gioco. Mica puoi fare sempre quello che si tira indietro. Anche tu, quando ti tocca, fai i discorsi scemi, no? Mica puoi fare sempre quella che va su e giù per i grandi discorsi! Se tutti i tuoi amici parlano delle gambe della Parietti, se sono più belle o più brutte di quelle di Marylin Monroe, tu che fai?»

«Mi annoio.»

«A parlarne mi annoio anch'io.»

«Un confronto diretto ti stimolerebbe di più.»

«Tra le gambe di una viva e le gambe di una morta?»

«Tra le gambe di una viva e un bel ricordo. Mi hai fatto quest'esempio a caso oppure c'eri.»

«C'ero. Eravate una decina, età compresa fra i 32 e i 45

anni. Giornalisti, giornaliste, editori, scrittori. C'era perfino un poeta. Ne avete parlato per due ore, delle gambe di Alba Parietti e se era vero che era trotskista e il suo fidanzato beato lui eccetera eccetera.»

«Me lo ricordo. Credevo di svenire dalla noia.»

«Però hai partecipato.»

«Con entusiasmo. Se una signora della mia età non simula entusiasmo di fronte all'esegesi dell'avvenenza di una giovanotta come se fosse un testo sacro, passa per invidiosa, competitiva a perdere, preda di bassi sentimenti e cose così. Fingere è più elegante. Se ti azzardassi a dire che il discorso, sic et simpliciter, ti annoia, neanche un cane ti crederebbe.»

Mi guarda, il mio reporter dall'altro mondo, e mi sorride complice, dialetticamente lieto:

«Idem», dice.

E fugge via.

Idem. Amabile uscita di scena, su un bisillabo, quasi a ribadire che non si può parlare troppo. Abile l'uso del confronto: adesso sei tu che conduci il gioco, di me e di te, diversi e somiglianti. Ti adegui al gruppo, come faccio io.

E me lo suggerisci, compiacente.

Perché io possa capire, e non abbia a preoccuparmi.

Perché io ti veda, riflesso di me stessa, e me ne dolga il giusto, nel caso fosse mia la responsabilità della fatica che ti costa il necessario amalgama sociale.

Io lo so che ti senti leggermente diverso o diverso gravemente, dipende dal momento e dal caso.

Scelgo dal panierino di confidenze che conservo con zelo.

Mi piace Bob Dylan, non mi piacciono i Guns and Roses (ieri).

Quando parlo romanesco mi prendono in giro (sette anni, lo parlavi solo a scuola. Anche adesso lo parli solo a scuola, ma allora la scuola era appena cominciata). Sento solo musica degli anni settanta, degli anni sessanta. Quello i Beatles li trova «carini». Si possono trovare «carini» i Beatles? I Beatles sono dei geni (prima media).

Quelli della mia età non vogliono stare soli neanche trenta secondi, vogliono sempre stare con qualcuno, io voglio stare con qualcuno che mi piace (seconda media).

Il senso della propria diversità è un ingrediente che direi essenziale, nella ricetta di una buona adolescenza.

Prezioso è il senso della propria unicità.

In altri tempi, ci si sentiva diversi, e fondamentalmente, soprattutto dai propri genitori. Questa sensazione ci aiutava a sentirci simili fra noi. A fare fronte.

Io e te ascoltiamo la stessa musica, io non avrei mai tollerato una nota, delle canzoni che piacevano a mia madre.

La sua giovinezza era Alberto Rabagliati, la mia Bob Dylan.

Anche la tua giovinezza è Bob Dylan, e io lo sento tuttora.

E lui, Bob Dylan, incide ancora dischi.

Che cosa è successo? Si è rallentato il ciclo delle generazioni? Si è ridotta la divergenza dei gusti? I cantanti durano di più? O forse non si ha più bisogno di impugnare nuove bandiere, di calpestare le vecchie?

Tu ti senti diverso, direttamente, dai tuoi coetanei.

Non tutti, non sempre, d'accordo. Non voglio spingerti nel ruolo di passero solitario, ti ho visto volare in formazione con gli altri e produrre il previsto rumore. Come da copione.

Ti ho visto e mi sono rilassata.

Comunque resta vero che, a tratti, ti colpisce come la punta di un pensiero molesto l'ipotesi d'una personalità disomogenea. Essere come tutti ti costa, anche se adesso il romanesco lo fingi meno o lo fingi meglio.

Se mi consenti una parola... vorrei dirti che... non sei così diverso come credi. Cioè: non sei il solo a sentirti diverso. Nel gruppo dei cacciaballe casinisti, quando si spengono le rassicuranti risate, i comodi sberleffi, fuori dal riparo del chiasso, sono certa che anche i più mirabilmente fessi, i più abili a calarsi nei panni di adolescente da televisione, sentono pungere il pensiero molesto, nutrono la stessa preoccupazione, di non essere intesi appieno, di non aver detto tutto, di non poter dire quel che si pensa gli altri non vogliano sentire. Anche i più balordi, quelli che proprio non sospetteresti, si sottopongono alla tortura di adattarsi.

Essere gruppo, essere individui.

Cova sempre, da qualche parte, dentro di noi, una porzione di disadattamento.

Alla tua età (ma anche dopo) riconoscerlo mette i brividi.

Si vorrebbe coincidere, calarsi morbidi, come la cera nel calco, prendere la forma proposta, deliberatamente omologandosi, naturalmente confusi nell'altro, negli altri.

Noi – in quegli anni – non eravamo «in gruppo», bensì «il gruppo». La dimensione individuale era ufficialmente bandita. Si faceva tutto insieme. Politica, era tutta la nostra giornata. La scuola era un luogo e anche la famiglia era un luogo. Era un luogo la città. Nel luogo, ci si muoveva in gruppi variabili, abbastanza numerosi, si negava che la simpatia fosse alla base della loro formazione.

Provare simpatia era individualismo.

Avevamo compagni e nemici. Non amici, o almeno non ufficialmente. Perfino le coppie, che si formavano frequenti in quella nostra promiscuità costante, perfino le coppie dovevano dar conto di se stesse. Non erano corrette, se denunziavano nei fatti la dolce tendenza a isolarsi. Possessi e privilegi d'affetto erano banditi. Bandite le affinità.

Tutti si doveva far mostra di accettarsi, toccava accettare tutti. Che poi non fosse vero, che covassero, nelle pieghe del non-detto, malanimi, preferenze e altri moti irragionevoli dell'animo, si sapeva. Se ne mormorava, in un'onda inesauribile di pettegolezzi e commenti. Non era dato dirlo.

Occorreva nascondere piuttosto, smussarsi continuamente, in un lavoro di cesello paziente, nello sfregare costante d'un Io appena sgusciato dall'infanzia, con il mostruosamente forte e collettivo «Io» degli altri, il gruppo. Onnivoro, e omologante.

Diverso era d'obbligo esserlo dai padri, dalle madri, dai nemici.

Dalla silenziosa maggioranza raffigurata in pecore belanti sui manifesti del maggio parigino.

Nessun'altra diversità era concessa.

Non si poteva essere diversi tra di noi.

A partire dall'abito: il diavolo era il tailleur.

La coppia di golfini twin set, il girocollo, il filino di perle.

Il diavolo era la scarpa col tacco, il decolté. Curarsi troppo i capelli. «Fresca-di-parrucchiere» era un insulto. Se tua madre ti ci mandava per una sua esigenza di tosato decoro, dovevi spettinarti negli angoli, piantarti la spazzola in testa. Vangare via le onde. Il diavolo era l'eccesso di trucco evidente: agghindarsi era borghese, era transigere con la femminilità trascorsa, scaduta. Le signore, le signorine. Le mogli.

Per te, tu fossi un ragazzo di allora, reato di insubordinazione al gruppo sarebbero state le giacche, le cravatte.

Le scarpe lucide, le camicie bianche erano bandite.

Stivaletti, scarponcini. Tessuti ruvidi. Blu, verde militare.

Quadrettoni. Scozzese da tagliaboschi.

Barbe e capelli folti, incolti, aggrovigliati, usati.

Capelli vissuti come fossero i capelli di altri.

Tasche come sacchi e tascapane in tela, che erano i progenitori degli zaini. Giubbe larghe, calzoni aderenti di velluto a costine sottili. Unisessuali.

Le ragazze nel collo alto di maglioni nodosi e artigianali, oziosamente, tenevano nascosti i capelli, che poi estraevano distratte, facendo leva col dorso della mano.

Parecchie erano belle a Torino, ed essere belle era un vantaggio. Ma era d'obbligo l'inconsapevolezza.

Una che si curasse di essere bella era bocciata.

Le non-belle, che avrebbero potuto essere carine con un po' di fatica, o la fatica riuscivano a occultarla, o rinunciavano a essere carine.

Si fingeva la democrazia, con tutto quel vestirsi senza sfizi, da poveri, con tutte quelle stoffacce da mercato.

In realtà vigeva la selezione più dura. Quella per bellezza.

Come eri eri. Nessun investimento era concesso, per attuare l'inganno che avrà, negli anni ottanta, la sua apoteosi: titillarsi di creme, agghindarsi di nastri da sciogliere, corazzarsi di accessori, usando liberamente la personalità degli altri (gli stilisti) per alzare le quotazioni a se stessi.

La naturalezza, la spontaneità, erano valori assoluti.

Non c'era pietà per chi arrancava, per chi non sapeva o non poteva aderire al modello... dovevi essere perfettamente bella, come perfetta e bella era la giovinezza.

Ecco, vedi, divagando certe volte mi perdo. Non so perché ti ho raccontato questo. Parlavamo del gruppo, del gruppo e dei vestiti. Voi non avete un costume, una divisa? Che cosa ti direbbero se ti mandassi a scuola con la giacca?

«Tu con la giacca a me non mi ci mandi da nessuna parte.»

Punto primo: le giacche non sono state ripristinate.

«Sarei sepolto di fischi.»

«Allora, vedi, anche voi...»

«Mi sembri matta certe volte; anche noi cosa? Ovvio che anche a noi le giacche ci sembrano cose dell'altro mondo. Le cravatte, che idea! Semmai la cosa strana sui vestiti è che adesso anche gli adulti si vestono come noi. Io a papà gliel'ho vista cinque volte in tutta la vita una cravatta. Ha i jeans e i maglioni e le felpe. Gli adulti, se possono, si vestono come noi. Anche tu. Non ti sei comprata il Chiodo, l'altr'anno? Mica che il Chiodo è una cosa da signora.»

Punto secondo: loro hanno perso l'esclusiva dell'abbigliamento casuale. Noi, che abbiamo sputato tra i primi sulle cravatte sui tailleur e sulle giacche, devoti all'antico rituale, nel tempo libero ci travestiamo da ragazzi. Parka (evoluzione moderna dell'eskimo), giubbotti, jeans, montgomery, rudi maglioni e camicie da tagliaboschi.

Quando indossiamo i contestati costumi dell'esistenza adulta, abiti da sera inclusi, ci sentiamo, almeno per un attimo, come dei commedianti.

Con vigore contestiamo le pellicce. Ambientalismo? Difesa delle visonesse, pietà per i morbidi orfani? Macché. Disagio storico. Poverismo residuale: va bene il cachemire, che almeno non si nota, ma il visone mai, quando è troppo è troppo.

«Noi se uno viene vestito in un modo strano lo prendiamo in giro. Non perché ci frega che è vestito strano, ma perché ci piace prendere in giro.»

«E lui? Voglio dire: il "presoingiro", come reagisce? Getta alle ortiche l'indumento strano e il giorno dopo ha una cosa come gli altri?»

«Guarda, la regola è una sola. Se ti prendono in giro, devi rispondere. Ridere. Stare al gioco. Sfottere anche tu. Se ti offendi, sei finito. Hai chiuso. Diventi vittima stabile.»

«Esiste la vittima stabile e la vittima variabile?»

«Vittime variabili lo siamo tutti.»

«Cioè?»

«Tutti vengono presi in giro a ruota, perché quello è il divertimento. Basta che fai un movimento goffo, che hai addosso qualcosa che si vede che te lo sei comprato per fare il figo... »

«Alt! Svisceriamo l'argomento: mi interessa questa faccenda degli indumenti da figo. Sono cose più ricercate, più costose, più eleganti?»

«Non è la cosa com'è, quello che conta, conta se te la sei

messa per sentirti un figo. Devi riuscire a non farlo notare.»

Punto terzo: niente di nuovo sotto il sole. Non eravamo così anche noi? Scompigliare le onde «freschediparrucchiere», prima di affrontare il giudizio del gruppo.

Essere «figa» sì, fare la «figa» no.

Affettazioni di naturalezza, come antidoto alle «brutte figure».

«E se ti mettono sotto e ti prendono in giro devi riuscire a sorridere?»

«Non solo. Devi rilanciare. Chi prende in giro di più e fa più scherzi e provoca più risate, diventa leader, gruppo di punta. Il gruppo è di cinque ragazzi? Bene, ce n'è quattro che prendono in giro e uno da prendere in giro.»

«E quello, la vittima, non si ribella?»

«Meglio essere vittima che essere solo.»

«Ma è terribile.»

«Ma no, basta saperci stare. Se ti fai vedere offeso, se ne fai un dramma, allora è brutto, ma se fai finta di divertirti anche tu va tutto bene. Prima o poi il gruppo cambia vittima: tu sei entrato. Sei entrato a fare parte. Ti rilassi e metti sotto qualcuno. E si continua a ridere. A rincorrersi, a menarsi.»

«Ma non fate mai qualcosa insieme? Voglio dire: scopo del gruppo è soltanto esistere?»

Mi sorride, come un diplomatico lieto dell'interesse d'un collega per gli usi e i costumi del suo paese.

Dei nostri tronconi di dialogo è uno dei più lunghi.

«Scopo del gruppo è la ricreazione.»

«Il divertimento?»

«No, dico la ricreazione, come la chiamate voi? L'intervallo? Quei pochi minuti in cui uno si deve ripigliare da tre ore di scuola... Hai presente? Bene. Si forma un gruppo di cinque maschi. Tutti, se li guardi da fuori, sembrano handicappati perché camminano pianissimo. E sai perché camminano pianissimo?»

Scuoto la testa con foga, la mia concentrazione è ai suoi massimi storici.

«Perché sicuramente uno dei cinque sta per fare lo sgambetto a uno degli altri. Se cammini piano cadi meglio.»

Fare lo sgambetto, mi pare di aver intuito, è un rituale di iniziazione.

Come le prove per entrare nelle società segrete.

Che cosa si deve dimostrare, cadendo bene o facendo cadere?

Sapendo ridere, di se stessi e degli altri?

Forse è la leggerezza, il valore forte degli anni novanta.

L'ironia. Prendersi gioco.

Del resto: le trasmissioni culto sono comiche, le trasmissioni culto dei ragazzi. Al presente: *Avanzi*, *Su la testa*, *Blob*. Giornale culto è *Cuore*, settimanale satirico sentimentalmente situato a sinistra, anche se la sinistra non esiste.

Il *Tiggì Zero* di Piero Chiambretti, che si infiltra nelle case e negli uffici dei famosi e dei potenti, con il gusto di provocarli. Il melò, la telenovela, il seriale sono programmi per vecchiette. Sport, ridere, i calci in faccia (si assiste, mi assicura il mio informatore, a un ritorno di miti marziali, Karaté Kid e le sue epifanie), calci volanti, aggressività orientale. Sono questi i programmi per i ragazzi.

La loro filmografia essenziale.

Ridere, per carità, è sempre stato un dovere giovanile, quasi uno scarico di tensione, per i tormenti che provoca la vita, nel suo tratto iniziale, prima d'aver contratto l'abitudine estrema dell'accontentarsi.

Costante negli anni e nelle generazioni è la fame di risate, variabile è che di nuovo non c'è più differenza.

La serietà è bandita, anche nelle vite adulte.

È intergenerazionale la domanda di comicità.

L'ironia è un bene rifugio cui tutti attingiamo a piene mani.

Noi, loro.

«Insomma, mi stai dicendo che non c'è più niente da prendere sul serio, che non ci sarà neanche dopo, quando avrò la tua età? Se a quarant'anni uno ride sempre, lo ficcano in un ospedale psichiatrico. Si può prendersi a sgambetti e spintoni per tutta la vita?»

No, non sto dicendo questo. L'ironia è una faccenda serissima. Non è «non prendere sul serio». È mettere una distanza fra se stessi e ciò che si guarda. Un esercizio utile, che richiede un certo rigore, oltre all'accettazione della propria quota di sofferenza. Ti auguro di crescere ironico, se posso augurarti qualcosa.

Se sarai un uomo dotato di ironia, sarò certa che ce l'hai fatta: ti sei nutrito degli altri, il gruppo, e te ne sei separato, non sei omologato, serializzato, pensi – come si dice – con la tua testa. Con gli altri, ti capita di non essere d'accordo. Lo dichiari, ma senza disprezzo.

Guardi con tenerezza, generosità, umorismo.

E accetti lo sguardo degli altri. Non hai tagliato il filo che ti unisce a loro, anche su te stesso sai sorridere.

Sei solo e lo sai. Senza superbia, ma anche senza paura.

Essere individui è un privilegio faticoso.

Ma è un privilegio.

Come si dice: meglio soli che massificati.

VI

VECCHI MITI, POCHI EROI

Mi vengono in mente gli eroi. Gli idoli.

La acritica, meravigliosa capacità giovanile di cadere in amore, ingigantire, santificare. Il talento mitopoietico.

Mi vengono in mente personaggi che poi si rivelarono sentine di ambiguità, leader del tradimento, manigoldi. Lì per lì, mi erano parsi santi.

Non voglio fare i nomi.

Ho un certo rispetto per la mia giovinezza e forse sbaglio, non ho simpatia per le ritrattazioni, e forse sbaglio meno di altri, almeno in questo.

Resta il fatto che c'era un sacco di gente appesa alle pareti della mia cameretta di ragazza.

Erano pezzi grossi.

Miti che meritavano il privilegio dell'esposizione.

Eroi approvati dal gruppo.

Virginia Woolf, con la lunga faccia spigolosa che permetteva il sogno di rassomigliarle almeno nei lineamenti, l'amavo di nascosto.

Era al centro d'un gruppo di signorini e intellettuali poco organici. Bloomsbury, neanche nominarla. Inglese, oltretutto, che non godeva, all'epoca, di buona stampa alternativa (infatti poi ci schierammo con l'Irlanda). Scriveva, anzi no, ricamava, una sorta di contrario dell'epica. I suoi personaggi smaniavano per trovare momenti intensi, al di sotto della crosta dei giorni, si scandagliavano l'un l'altro, decorosamente disperati, estatici per l'attimo soltanto in cui si profilava all'improvviso un'armonia nascosta, il disegno perfetto e impalpabile dell'esistenza.

Appenderla alle pareti? Impossibile.

Era una passione non comunicabile.

E non comunicabile sarebbe rimasta fino agli anni del femminismo, quando la lettura militante de *Le tre ghinee* concesse, insperatamente, alla signora Dalloway, il privilegio di andare a passeggio per le vie di Londra, comprando guanti e fiori, senza per questo essere messa all'indice.

Approvati dal gruppo erano gli eroi etici e politici.

Vite spese – secondo la generale presunzione d'innocenza – a beneficio dell'umanità.

Non i poeti, a meno che, come Majakovskij, fossero stati perseguitati. I musicisti, soltanto se cantavano canzoni di protesta. Gli intellettuali, soltanto in quanto critici del sistema capitalistico e produttori di metodologie per liquidarlo.

I famosi, come le belle, dovevano acquisire la fama non volendola. Per spinta naturale e irrefrenabile della loro superiorità.

Spontaneamente.

Dovevano disprezzare il pubblico riconoscimento ed esserne tuttavia circondati.

Nessuno che desiderasse apertamente la fama meritava di diventare famoso.

Teoria che costringeva i leader viventi del gruppo a una fatica aggiuntiva: fortemente esibizionisti come tutti i capi di tutti i tempi e di tutte le dottrine, dovevano fingersi noncuranti.

Ascetici e svagati, tesi al bene dell'umanità e sprezzanti del proprio. Stoici, grandi consumatori di spaghetti d'infima marca conditi con olio di semi, vino sfuso, mortadella. Stoicamente decisi a frequentare bettole velenose, a non offrire mai alle ragazze, a pagare per tutti, a scappare senza pagare, a devolvere denaro in beneficenza militante qualora se ne presentasse una necessità eticamente insindacabile: fughe da casa, aborti, viaggi politici o degenze ospedaliere che coinvolgessero figli sottoposti a tutela di padri poco generosi o troppo antagonistici (famosa la frase: non ti ho mandato io, a far il cretino in mezzo ai manganelli).

I leader viventi del gruppo, non li appendevo al muro per pudore e mancanza di effigi formato poster. Non li adoravo pubblicamente perché l'indole anarcolibertaria, che andava precisandosi in quegli anni, mi impediva di accettare l'asservimento al carisma. Li amavo e li divinizzavo con bambinesca foga e femminile masochismo. Ma mi imponevo di borbottare e criticarli. Lieta in segreto di uno sguardo, mi maceravo languidamente, nel gelo torbido della loro lontananza.

Io seduta sui gradini in aula magna con le gambette bene esposte dalla gonna accorciata. Loro arrampicati sulle cattedre, con megafoni e occhiali, maglioni sudici, ciuffi scomposti, voci stentoree, impeti di certezze, concitati e suadenti.

Mi sono chiesta, dopo che mi hai raccontato la dinamica, del farsi d'un vostro gruppo, quanto quei mostri sacri che adoravo a distanza, non avessero poi, con più parole e gesti più esatti, anche loro, fatto lo sgambetto ai più tonti, per conquistare la santa preminenza.

Anch'io, in fondo, camminavo adagio, allo scopo di cascare, eventualmente, con la grazia consapevole dello svenimento teatrale.

Mi adeguavo, in abiti e gergo.

Andava la forza. E mi facevo forte.

Le ragazze dovevano essere scanzonate e io mi scanzonavo.

Sessualmente prodighe e io, solerte, forzavo i limiti dell'immaturità del corpo, mi inventavo un piacere, che ancora non provavo, accettavo il desiderio degli altri (purché fossero «dei nostri»), senza ribellione, lo stimolavo con orgoglio.

Femmina del gruppo misto a supremazia nettamente maschile, le eseguivo quasi tutte, le figure di danza richieste.

Le tue compagne non sono così. Le ho viste.

Il gruppo all'inizio dell'adolescenza non è misto.

Stanno fra loro le ragazze, voi tra voi.

Che cosa facciano, fra loro, non ti è chiaro.

«Certo non passano tutto il tempo a menarsi,» mi hai detto, e mi è parso di cogliere una sfumatura, appena, di consapevolezza della differenza. Non proprio invidia, non proprio ammirazione, ma che mirabile lontananza dal disprezzo con cui i ragazzi di altri anni (i miei, ma anche prima, molto prima) dicevano: «Passatempi da femminucce», immaginandosi una superiorità da bravacci.

«Il gruppo all'inizio dell'adolescenza non è misto,» dichiaro, con un tono larvatamente professorale e aspetto.

Tu neppure mi guardi.

La poltrona fatica a contenere l'abbondanza del tuo abbandono.

Gambe e braccia non sono al loro posto, la testa, con i suoi occhi da bambino, appoggiata al tuo collo da grande, esprime un compatto desiderio di non raccogliere l'invito implicito a ricominciare il discorso.

Credi di scoraggiarmi?

Insisto.

«L'anno scorso nel vostro gruppetto c'era una ragazza.»

Un guaito minaccioso mi consiglia il silenzio.

«Keep out,» terreno minato.

A tacere, non fare quella faccia, te l'ho detto che mi ci sto preparando, per adesso, dammi atto che almeno so cambiare argomento.

Apro il capitolo idoli, con una descrizione indiretta.

La tua stanza ti piace perché è grande.

Non sei interessato all'arredamento.

Giochi a tennis contro le pareti, che sono spoglie, da quando ho dovuto staccare, per sorpassati limiti d'età, i quadrucci con gli elefanti e i gatti, la grande ranocchia verde e gialla, la serie dei palloncini antropomorfi.

Sull'intonaco ferito dall'impronta delle palline di spugna non c'è, in effigie, neppure un eroe.

«Mica me li fai mettere, se voglio. Ti ricordi?»

«Non alluderai a quella specie di slabbrato aquilone in carta semplice estratto malamente dal "Guerin Sportivo"...»

«Era la Roma, bada a come parli.»

«Una dozzina di ritardati in mutande, con i cosciotti pelosi allineati e una compunzione da contadini nello sguardo annebbiato. Non è una immagine che può stare in una cornice, su un letto... non può essere oggetto di culto.»

«E che cosa ci dovrei mettere alle pareti?»

«Meglio Cindy Crawford, che almeno è bella.»

«Allora Julia Roberts.»

«D'accordo.»

«E invece no.»

«Perché no?»

«Perché è da deficienti.»

«La Roma invece...»

«La Roma no, però Haessler.»

«Haessler, sarebbe il tuo idolo.»

«Se devi fare quella faccia... »

«No, scusa, non volevo. Non volevo fare nessuna faccia. Il fatto è che un calciatore non è esattamente l'idea che ho di un idolo, di un eroe. Voglio dire: che fa? Tira calci. Anche bene, per carità. Splendidamente, tira calci da Dio, ma la sua è soltanto abilità, talento sportivo, dote di muscolo, competenza, allenamento. Un idolo, un eroe, non dovrebbe attenere a sfere più complesse?»

«Tu non hai capito.»

«No. Ma se hai voglia di spiegarmi... »

«Mica è colpa mia se Che Guevara è morto, Maotsetung ha fatto una figura di merda, Malcolm X gli fanno schifo i bianchi, Lenin è sceso dalla statua e Marx l'ha sbertucciato mezzo mondo. Dove stanno tutti questi idoli? Quelli che piacciono a te... quelli della sfera più complessa?»

«Non ho mica detto che... »

«Non l'hai detto però l'hai pensato. Io lo so cosa c'era, sulle pareti della tua stanza.»

«Che virtù divinatorie!»

«Basta una nonna chiacchierona.»

«Del resto, non te l'ho mai nascosta, la mia antologia di miti. Non te l'ho nascosta, però non te l'ho neanche proposta.»

«Ci mancherebbe! Non mi proponi di riesumare i morti, però vorresti che io avessi una galleria di quadri degna dei tuoi standard.»

«Adesso mi fai più retrò di quello che sono.»

«Lo sei retrò, invece. Non capisci: un idolo non è un calciatore bravo, è un calciatore che fa vincere la tua squadra.»

Un calciatore che fa vincere la tua squadra, che sottile distinguo, mio ex bambino!

I ragazzi hanno idoli che eccellono in arti marziali, idoli tennisti, idoli fotomodelle, idoli cantanti.

E, onestamente, li hanno sempre avuti.

Elvis Presley era meglio del giovane Masini?

L'America è più grande. In ogni secolo, ne nascono quattro o cinque di miti. Evidentemente, in questo scorcio finale, che vede la tua giovinezza, gli idoli del novecento sono esauriti.

Voglio dire: sono sempre quelli. Bob Dylan, John Lennon, Jimi Hendrix, James Dean... Erano più dotati?

Sono sbocciati sulla metà del secolo, verso la fine sono tutti morti (che Dio ci conservi Dylan ancora un poco).

Era la dotazione del secolo. Noi ce la siamo goduta. Voi ve la beccate postuma.

A metà del duemila ne avrete un'altra dose in sorte?

Agli idoli caduti tu sai tributare un rispetto notevole.

Erano idoli anche per le loro vite, non soltanto per l'arte.

Le loro vite erano trasgressive e noi si sognava sui loro atteggiamenti, sul maledettismo.

Come si coniugava questo con l'anima politica?

Malissimo, per niente.

Jimi Hendrix era un idolo, Che Guevara era un eroe.

Non dividevano il medesimo sacrario.

Di eroi questo tempo che tu attraversi, assorto e cauto, ne fornisce ben pochi.

Gente morta che ha fatto il suo dovere e che in vita era circondata da tutt'altri sentimenti, come Giovanni Falcone, come Paolo Borsellino. Sono questi gli eroi contemporanei?

Non si tratta piuttosto di vittime?

Secondo il Devoto-Oli, fonte di informazioni lessicali cui facciamo entrambi riferimento con piacere, l'eroe sarebbe colui che per eccezionali virtù di coraggio o abnegazione, s'impone all'ammirazione di tutti.

Credo che non siano frequenti gli uomini capaci di abnegazione, e del coraggio necessario a praticarla.

Credo che non siano nemmeno del tutto assenti dallo scenario contemporaneo.

Credo che, eventualmente, si tratti più di donne che di uomini, ma più per storia che per ontogenesi.

Quello che mi causa una certa perplessità è l'ultima parte della definizione «s'impone all'ammirazione di tutti».

Mi preoccupa perché concerne direttamente la televisione.

Chi può imporsi all'ammirazione di tutti, o almeno di un ragguardevole *share* di pubblico, se non passa per l'odioso schermuccio domestico, lo sfornamiti da camera, unico dispensatore di visibilità sociale?

Dovrebbero erigere da qualche parte un monumento all'eroe che non si è imposto all'ammirazione di tutti, una sorta di milite ignoto ai mezzi di comunicazione di massa. O forse il monumento all'eroe invisibile sono proprio le vostre pareti vuote, l'assenza, in effige, dalle stanze dei ragazzi, di idoli a diciassette pollici o ventuno, che potrebbero togliere il posto a chi è capace di coraggio e abnegazione, senza che nessuno lo sappia.

Lo sai, figlio mio caro, che c'è un gran pianto su di voi, una lamentazione generale?

Voglio offrirti, come intermezzo giocoso, un fedele florilegio di passi tratti da dialoghi di adulti cui ho assistito oppure addirittura preso parte.

Tema: questa generazione (la vostra).

«Io non li capisco.»

«Io li capisco fin troppo.»

«Non c'è niente da capire.»

«Non li vedi? Non hanno interesse per niente, niente li smuove.»

«Non leggono un libro neanche se li leghi e li torturi.»

«Tutto il giorno appiccicati a quel computer.»

«Non hanno desideri, hanno sempre avuto tutto.»

«Si divertono troppo.»

«Non si divertono mai.»

«Non sanno divertirsi.»

«Sono soltanto capaci di divertirsi.»

«Tutto il giorno appiccicati a quel computer.»

«Il computer è una regressione dialettica. Sì, no. Il computer vede il mondo binario. *Tertium non datur*. Capirai: una generazione di coglioni prearistotelici.»

«Sono dei vecchi. Noi alla loro età non eravamo così. Sono dei vecchi, sono più vecchi di noi.»

«Sono dei bambini, una massa di fotocopie del *puer ae-*

ternus. Sono dei bambini, sono piccoli, noi non siamo mai stati così piccoli.»

«Non hanno impeto.»

«Non hanno voglie.»

«Non hanno ideali. Noi avevamo un sacco di ideali. Cazzate, d'accordo. Ma almeno facevamo casino.»

«Questi non fanno casino. Li hai mai visti fare casino? Sono dei morti. Noi sì che facevamo casino.»

«Non gliene frega niente di niente. Non li vedi? Sono solo capaci di fare casino.»

«Non hanno la più vaga idea di che cosa sia lottare, il sacrificio. Tutto va bene, basta non doversi sforzare.»

«Fatica zero, dove mi metti sto.»

«E poi si ammazzano. Carini e garbati fino al giorno prima. Ti svegli un mattino e si sono impiccati a una trave.»

«Non sanno soffrire. Alla prima difficoltà, vanno a pezzi.»

«Pur di non soffrire, rinunciano a tutto, perfino a innamorarsi.»

«Il rifiuto della fatica è totale. Lo sport, perfino lo sport, si limitano a guardarlo.»

«Tutto il giorno appiccicati a quel computer.»

«Non credono a niente.»

«Credono a qualunque cosa, gli dici che gli asini volano e tutti a guardare in alto.»

E così via.

Uno scrittore che io amo molto, J. D. Salinger, ha scritto, citando il Vedanta: «Allevare i propri figli onorevolmente, amorevolmente e con distacco. Un figlio è un ospite nella casa e deve essere amato e rispettato, mai posseduto, perché appartiene a Dio. Che cosa stupenda, sensata, meravigliosamente difficile e perciò vera».

La cultura che ho scelto, e in cui ti ho allevato, non mi impedisce di sottoscrivere interamente il senso della frase.

Un figlio è un ospite nella casa e deve essere amato e rispettato, mai posseduto, perché appartiene a se stesso.

Se le tue pareti dovessi all'improvviso sentirle davvero troppo spoglie, ti consiglio di copiare la precedente citazione, scrivila su un pannello lavagna, oppure direttamente sull'intonaco, voglio che tu mi costringa a rileggerla, mi capitasse di dimenticarla.

VII

TUTTO QUELLO
CHE NON VUOI SAPERE DEL SESSO
(e che ho intenzione di dirti comunque)

«Che bel bambino, ce l'ha già la ragazza?»

L'urto di nervi che mi provocano le vocette persuase di essere moderne, mentre invadono, con la loro caramellosa malignità, la santa distrazione dei figli e li accoppiano in sogno e in vanità, ti assicuro, non è inferiore d'un grammo al disagio che ti fa cambiare stanza, quando il discorso dalle donne scivola sulle ragazze e ti riguarda.

Non mi piace la stucchevole fiaba che le madri si raccontano l'un l'altra, rabbrividendo di confidenza, il tema è la vita amorosa dei figli, ma il sottotesto è un altro. Nostalgia.

Proiezione. Esibizione.

Conosco donne non sciocche che, seriamente, sostengono d'aver scoperto «una relazione» fra il loro piccino cinquenne e la bambina più bella dell'asilo.

Devi vederlo, come la guarda. Le ha voluto regalare il suo formaggino. Vieni, Matteo, vieni qui amore, racconta a quest'amica di mamma quanto ti piacciono i capelli di Vanessa.

Tremendo.

E ancora più tremendo quando Matteo, lieto di far contenta mamma, inventa apprezzamenti e ricalca definizioni orecchiate dai grandi, per il tramite subdolo delle trasmissioni televisive.

Potrebbe succedere di sentirlo dire: «Vanessa è un gran bel culo», potrebbe.

E senz'altro tutte le astanti amiche di mamma riderebbero.

E se non ridessero mamma si offenderebbe, o le reputerebbe invidiose, di quel suo piccolo genio scimmiottante che sa già dire «gran bel culo» a cinque anni.

Quando eri piccolo ho sempre cercato di non offenderti, col farti fare il saltimbanco per gli adulti.

Forse qualche volta mi è scappato, qualche motteggio stupido, avrò avuto, qua e là, qualche defaillance di buon gusto.

Se te ne ricordi, accusami pure liberamente, inchiodami alle mie responsabilità regresse.

Se non te ne ricordi, scusami lo stesso. Il peccato è veniale, ma la coscienza della scelleratezza lo aggrava: io ho sempre saputo, in teoria, che i bambini, i ragazzi, non sono «adultini» da crescere come pollastri nell'incubatrice o semiadulti da mettere a maturazione, nel cesto delle mele acerbe.

I bambini, i ragazzi, sono esseri perfettamente formati, nella forma di bambini e poi ragazzi.

Sono diversi dai grandi.

Non hanno meno identità, ne hanno un'altra.

Non sono uomini e donne a cui manca qualcosa. Hanno tutto.

Ma il loro tutto non è uguale al nostro.

Il sesso.

Grande scoperta del genitore moderno: il bambino si tocca il suo cosino, uccellino, pischelletto, la piccola si ficca il ditino nella patatina, la patonzina, la pisciottina.

Grande conquista del genitore moderno: guarda come se la gode. Grande orgoglio del genitore moderno: mia madre mi diceva «Non toccarti lì», nontoccartilì è la prima frase che ho sentito da mia madre, mio padre mi diceva che se mi tiravo il cosino diventavo cieco, mi venivano i brufoli, mi vedeva Dio e mi faceva diventare storpio.

Grande sollievo del genitore moderno: io lo lascio fare, il mio bambino, se si tocca. Che si diverta per bacco, ha un corpo anche lui.

Grande rischio del genitore moderno: io ho capito tutto. Beato mio figlio.

Basta non essere repressivi per aiutare i propri figli ad avere un rapporto positivo con il proprio corpo, con il sesso, con l'altro sesso (o genere)?

Matteo, se per caso o per curiosità, toglie le mutandine a sua cugina, viene festeggiato da un uragano di approvazione.

Eroe della precocità sessuale.

Hai visto che caratterino, che pepe, che tipino. Ne sciuperà di femmine quello lì.

E se per caso, o per età, a quindici anni, non ha rimorchiato un paio di ragazze, sentirai la ex mamma orgogliosa, confessare con un tono inconsapevolmente funebre: «Ancora niente».

Il sottotesto dice (e dovrebbe vergognarsi): possibile che la mia educazione libertaria, antirepressiva, che dà al sesso «il suo giusto valore», non abbia trasformato mio figlio in un Casanova realizzato? Mia figlia in una *jeune fille fatale* da copertina del giornaletto d'istituto?

Quale sia il «giusto valore del sesso», io non sono sicura di saperlo, ma devo essere rimasta l'unica. Tutti sanno qual è «il giusto valore» del sesso e ne parlano, con cognizione.

Con sicurezza. Tutti sanno insegnarlo ai loro bambini.

Orgogliosamente, modernamente.

Tutti sanno che non bisogna reprimere, che bisogna incoraggiare. La ragazza col boyfriend è una ragazza «popolare».

Quella senza è una ritardata sessuale.

C'è qualcosa che non va, in lei. Non ha accesso al Paradiso della facilità, della rapidità.

Il ragazzo «pieno di ragazze» è il ragazzo che avrà successo nella vita. Per la serie: ritratto del potente da cucciolo.

Ha iniziativa, stile, è furbo, è cacciatore, stana la preda e poi si fa inseguire.

Ho sentito, da donne non sciocche, l'elogio dell'uomo che «le fa diventare tutte matte».

È magnifico come tratta le ragazze, il piccolo farabutto!

La splendida canaglia, il mascalzone.

Mitico: arriva in ritardo, la chiama e poi sparisce, fa il cascamorto con la migliore amica di lei. Una delizia.

Si inteneriscono, le donne non sciocche, ma momentaneamente rimbambite. Se il marito o compagno, con cui dividono la vita da un numero variabile di anni, si fosse comportato una sola volta come il figlio, l'avrebbero appeso per i piedi.

Mascalzone è bello solo quando è figlio?

Che il «giusto valore del sesso», inteso come lo intendono tanti genitori moderni, sia una variante relativa del solito vecchio gioco del consumismo?

Spendere sentimenti, comprare corpi, annettersi anime, conquistare territori.

Come cose. Come se si trattasse di scambiarsi cose.

Caro figlio che mi ascolti paziente da un numero crescente di pagine, sul tema del sesso mi concederò un silenzio già quasi perfetto, certa di farti cosa gradita.

Ho promesso alla parte armata di me stessa, quella che infierisce sull'altra in caso di leggerezza, di rispettare la cosiddetta età di latenza, quella dei pudori e dei segreti.

La rispetterò anche se ho sempre dimenticato di chiudere a chiave le porte e non mi sono mai nascosta.

Quando tutti e due eravamo più piccoli, le nostre nudità erano facili, né maschili né femminili. Io ero soltanto madre e tu soltanto figlio.

Da qualche tempo, apparteniamo a generi diversi. Il nostro affetto, l'hai notato?, ha preso una consuetudine cameratesca, più casti abbracci.

È abile la natura quando si riesce a porgere l'orecchio ai suoi cauti suggerimenti: da quando hai cominciato a «farti il bagnetto da solo», la modalità del nostro reciproco guardarci è trasformata.

Quasi ogni sera, tu riesci a dedicare un paio di minuti al piacere di prendermi in giro. Quando mi trucco per uscire oppure mi spalmo di crema per andare a dormire.

«Oddio, che cos'è quella roba. Ma come ti conci? E quella vernice rossa sulle unghie, è proprio necessaria? Guarda come si concia questa.»

Quando capita, anch'io, volentieri, mi godo la tua diversità.

«E lavarsi i capelli? Dobbiamo aspettare ricorrenze straordinarie? Hai paura di diventare troppo bello se ti pettini?»

In realtà mi appassiona la noncuranza che ostenti per il tuo aspetto. È un dono amabilmente maschile.

So bene che devo stare al mio posto, ma è «il mio posto» a spostarsi. Depositaria dell'educazione igienica da sempre, sono disposta a derogare alla regola della severità, oggi che sei quasi grande, assai più di prima, che eri bambino.

A imbandire e levigare quel corpo con cui non hai fatto ancora amicizia, provi un disagio che capisco.

Certe cose che si dicono per ridere, certe volte, tu lo sai, sono vere.

Hai paura di diventare troppo bello se ti pettini?

Sì. Non ho alcun dubbio.

Hai paura di diventare troppo bello se ti pettini.

Un tizio amico mio, un omeopata, mi ha proposto in questa chiave, un saggio di interpretazione del brufolo, l'acne juvenilis, croce ambosessi della ragazzeria di tutti i tempi, stimmata, segno di predestinazione alla giovinezza, cui pochi riescono a sottrarsi. Sarebbe, la fioritura acneica, una difesa volontaria. Quasi un rallentamento del processo che sta per trasformarvi in farfalle, un aggrapparsi al bruco, che può guardare senza essere guardato e giocare liberamente nell'ombra.

Evviva i brufoli, allora, se mi consenti un brindisi un tantino incivile. Evviva tutto ciò che ti aiuta a prendere tempo, se vuoi, se ne hai bisogno, perché hai tutto il diritto di concedertelo. Ti stupirà sapere che è tutto qui quello che ho intenzione di dirti sul saporito argomento del SESSO.

Prendi tempo.

E tieniti i tuoi segreti.

Voglio essere l'ultima a sapere tutti i piccanti dettagli, le tenere stronzate, le bugie benedette del tuo primo passo d'amore, quando nella barriera, che divide a tredici anni i maschi dalle femmine, si aprirà la prima ragguardevole breccia.

Voglio essere l'ultima a saperlo e sono certa che sarà così.

Non intendo vampirizzarti.

Ho fatto voto.

Voto di disattenzione a termine, fino a quando avrai di nuovo voglia di parlarmi.

Di sesso, del resto, correggimi se sbaglio, da un po' di tempo se ne parla troppo. Non che ci sia niente di male, no no, per carità. Niente di male, e molto di noioso. Qua e là, qualche punta fastidiosa di fasullo.

Siamo tutti emancipati, liberati, gaudenti.

Signore e signorine espongono richiami sessuali, segnali, come certi uccelletti quando cambiano il piumaggio, in fase di corteggiamento.

Nell'esposizione delle carni e nel linguaggio, la stagione dell'accoppiamento dura da alcuni anni ininterrottamente. Di tanto in tanto, si inventa una nuova tendenza.

Si scopre qualche sconquasso più eclatante.

Chennesò? L'uomo oggetto che si spoglia per la donna. Ah, la banconota nel boxer, infilata dalla affusolata manina della nuova signora in carriera e in solitudine, che si paga il ragazzo, proprio come faceva il marito di sua madre, nei bui anni cinquanta. Che novità! Che chic! Che rovesciamento della norma! Oppure i locali per coppie stanche, che vanno lì a rivitalizzarsi. L'ingegnere che regala alla moglie un vibratore per Natale, invece del solito golfino di cachemire.

Come cambiano i tempi, sembra ieri, che in tivù mettevano i pantaloni color carne perfino alle ballerine di can can e certe parole erano vietate e chi aveva un figlio illegittimo non cantava più neppure alla radio...

I tempi cambiano, è vero, ma assai più lentamente di quanto i rotocalchi promettono ai lettori. È lontana la liberazione sessuale e in ogni caso non passa per le calze a rete, per il libero scambio di vibratori, per la reificazione del corpo maschile a scopo di *revanche* femminista né per la chiacchiera fatua e greve, esibitoria, che ha sostituito il contestato silenzio repressivo.

Vuoi sapere che cos'è secondo me, la liberazione sessuale?

Sto zitta o continuo?

Mi guardi con illuminata benevolenza. Hai avuto, limitatamente a questo capitolo, il permesso di non intervenire.

Come interlocutore stai in vacanza.

Che io chiacchieri del sesso ti delizia e ti è totalmente indifferente. Non c'è più, e già non c'era quando tu sei nato, quell'alone di interdetto e di silenzio.

I figli non avevano sesso e neppure i genitori.

I figli iniziavano la loro vita sessuale di nascosto.

I genitori occultavano la loro.

Io ho una vita sessuale e tu l'avrai.

Di recente, abbiamo scoperto di appartenere a generi diversi.

Come avrai certamente capito, data la confidenza che ti

ho incautamente somministrato fin dalla prima infanzia, il mio «io» vorace adora il gioco dei confronti. Gli piace l'opportunità di nobilitare la sua nefasta attitudine a raccontarsi, con l'alibi altamente educativo di dar conto a te d'un tempo trascorso, d'una diversa giovinezza.

Capita a molti genitori, credo, nei secoli fedeli al celebre adagio che recita: «Ai miei tempi», ma non per questo mi fa sentire meno buffa.

Poiché apparteniamo a generi diversi, non ho motivi, decentemente ragionevoli, per infliggerti un altro capitolo della mia remota biografia.

Ti dirò che cos'è la liberazione sessuale, secondo me, e che cos'era, tenendomi quindi assai dignitosamente in bilico sulla cresta delle considerazioni generali.

Innanzi tutto è libertà di avere voglia di toccare il proprio corpo, per trarne, esclusivamente, piacere.

Non toccarti lì, il famoso divieto, è stato il primo a saltare. Se credi che sia poco è perché non hai mai provato il gelido senso di colpa, la vergogna senza confini, indefinibile, che seguiva la soddisfazione proibita.

Masturbazione, onanismo. Erano parole che rimandavano immagini di povertà sentimentale e perversione.

Trarre piacere dalla stimolazione dei propri organi sessuali (mio Dio, lo vedi l'imbarazzo? Improvvisamente sembra – la mia prosa – estratta da una cartella clinica)... pazienza, andiamo avanti: trarre piacere dalla stimolazione dei propri organi sessuali, dicevamo, invece che da quelli di persona dell'altro sesso, era mal considerato perfino dai più avanzati dell'epoca. I non-cattolici. Quelli che già accettavano il piacere.

Fare l'amore sì, ma in due.

Un uomo e una donna.

Era già un passo avanti, rispetto alla gran massa che dichiarava l'amore una funzione del metter su famiglia e il piacere del tutto secondario. Chi aveva fortuna, lo poteva provare, ma senza affezionarcisi troppo. Chi non ce l'aveva (per esempio le donne, che quanto a fortuna, stavano come i cani in chiesa, ma fuori dalla chiesa mica molto meglio), non lo provava, il piacere.

Intere vite trascorrevano senza che il piacere, il godimento sessuale, fosse conosciuto, scoperto, praticato, ottenuto per sé e offerto all'altro.

La libertà di toccare il proprio corpo, lì, dove non si deve, e darsi una sensazione di benessere speciale, è stata il primo atto della grande battaglia.

Sarà anche l'ultimo, quando la battaglia sarà conclusa, posto che possa mai concludersi

Il piacere solitario.

Non è ancora del tutto lecito, sai?

Anche se le persone di buon senso e buon gusto non si sognano più di colpevolizzare le pratiche onanistiche pubblicamente, prevale un subdolo permissivismo al ribasso. Fatti loro, facciano pure, certo se non hanno di meglio... Infatti, è ancora considerata con repulsione e condanna la pornografia. Ma che cos'è la pornografia, se non uno strumento di autoeccitazione?

Un consumo solitario, per sesso solitario?

Se la pratica del godimento sessuale solitario fosse considerata normale quanto la pratica del godimento in coppia, alla pornografia non verrebbe riservata la cattiva accoglienza che sappiamo, l'esibito disprezzo.

Sto difendendo la pornografia?

Sì, la sto difendendo.

Mi piace la pornografia?

La trovo noiosa, noiosissima.

Credo che sia prodotta in funzione dell'eccitazione maschile, la quale avrebbe un bisogno sfrenato di immagini fedeli dell'organo sessuale femminile, o maschile, o degli organi sessuali maschile e femminile ben incastrati l'uno nell'altro, come si conviene all'accoppiamento.

Le donne si eccitano in altri modi. Piangendo, raccontandosi storie, con l'amore, il principe, la telenovela.

Anche certe parole, magari pesanti, ma parole dette. Le

donne hanno bisogno di parole, musica, profumi, progetti, bugie, sogni. O almeno così credo io, che sono donna, e le donne le conosco. Lo so che ti stai chiedendo dove voglio arrivare con questo discorso sulla pornografia che sarebbe noiosa ma da difendere. Non voglio arrivare da nessuna parte, cioè: voglio soltanto mettere le basi per enunciare qualcosina. (Non ho perso di vista la funzione di appesantire il tuo bagaglio, con le mie quattro o cinque regolette).

Punto primo o forse secondo: la libertà di godere il piacere sessuale in qualunque forma, con qualunque strumento o numero di partner consenzienti, è da difendere.

Punto sicuramente primo: il godimento sessuale è un diritto del corpo, non una funzione riproduttiva.

Punto del tutto marginale ma interessante: ci mancherebbe che s'avesse facoltà di mettere all'indice ciò che è miserello bruttino e sommamente noioso come, secondo me, la pornografia! Ciascuno alzerebbe roghi condannando i gusti degli altri.

Da cui discende il *Punto terzo* che ha una saggia cadenza: il garantismo non si deve fermare fuori dalla porta della camera da letto. La libertà va tutelata. Libertà di essere divoratori di pornografia, onanisti, omosessuali. L'unico limite è che non si faccia violenza. Mai. Su nessuno. A nessun livello. La libertà di sopraffazione sessuale non esiste.

La liberazione sessuale è stato un tema dominante, negli anni prima che tu nascessi.

E prima ancora.

Scrivevamo, un gruppo di studentesse e studenti, un giornalino. Si chiamava *Il pane e le rose*. Dateci pane (cioè salari più equi, assistenza, infrastrutture), ma dateci anche rose, nel senso dei diritti collaterali, a una vita serena, al piacere, alla uguaglianza fra i sessi, alla musica, a viaggiare.

Dateci i soldi per vivere.

Noi ci prenderemo una vita di qualità superiore.
Non ci contenteremmo della vostra. Non ci piace.
Una vita divisa per zone di non comunicazione.
Si è giovani e non si conta niente. Si è adulti e non si è liberi.
Si è vecchi: non si conta niente e non si è liberi.
Vogliamo una vita che rimescoli il tempo. Tutti gli attori in scena. Pari dignità. Sperimentare nuove aggregazioni: perché soltanto e sempre l'arida coppia monogamica e la tetra famiglia? Le donne non sono un completamento necessario del maschile. Umane e intere, le donne devono essere persone.
Vogliamo la liberazione sessuale. La liberazione sessuale passa per la liberazione delle donne, dalle loro storiche sudditanze, o metafisiche inferiorità.
La liberazione sessuale non deve arrestarsi fino alla perfezione della felicità.

Il pane e le rose organizzava concerti di musica pop nei parchi, nei dintorni di Milano. Capitava di fare scemenze. Un corteo tutti nudi, le mani a trenino sulle spalle l'uno dell'altro. Si manifestava contro i vestiti? A favore del corpo? Che cos'era? Un sogno di libertà marginale e nello stesso tempo assoluto? Trasgressione ballando?

Non mi ricordo.

Ricordo le polemiche, come un ritmo lontano, non il senso, ma l'enfasi, il coinvolgimento.

Ero un'imbrogliona: mentre mi divertivo, fingevo di essere arrabbiata. E sventolavo vessilli. Difendevo, aggredivo.

Un po' tutti eravamo malati di proselitismo. La ginnastica dello schieramento ci era consueta.

A nostro agio, calpestavamo il campo di battaglia.

Più che a riflettere, eravamo abituati a lottare. Una causa. Oppure il suo contrario.

«La classe operaia non è pronta,» diceva qualcuno criticando, «a questi baccanali libertari.»

Altri, forse, e avevano sommariamente ragione, negavano la centralità della battaglia: c'è un intero sistema mondiale, planetario da abbattere, e noi qui, invece di raccogliere adesioni al lavoro grosso, edile, di ricostruzione del mondo, ci si svaga a difendere i seni delle ragazze dai vestiti.

Non so ricostruire il percorso che mi portava alla ragione. Ma c'era. L'avevo seminato e lo seguivo, come una Gretel le briciole nel bosco.

Quel girotondo, quella corsa di corpi nudi, quella proterva allegria, quel dissennato esibizionismo era una dimostrazione. La manifestazione d'un antagonismo diverso da quello della lotta di classe, della destra e della sinistra. Sono certa che mi pareva altrettanto importante.

C'era l'impeto di contestare la morale e la voglia di ragionare intorno all'etica.

(Personalmente ci sto ancora ragionando, non ho più fretta, ma non ho intenzione di ritirarmi. Come un vecchio che a suo tempo ha scavato fin troppo in Alaska, senza trovare neanche una pepita, ti racconto le mie sconfitte come fiabe, perché sento di non aver fallito: cercare è, in sé, un'attività appagante, un modo di essere giusti.)

Ricordo un rovistare disordinato, nella confusione di divieti accumulati in tutte le generazioni precedenti, per negarli, per dichiararli scaduti.

Occultare il corpo nei panni è una convenzione borghese.

Scoprirli è sano.

La violenza sessuale è figlia della repressione.

Era così che dicevamo?

Morte al buco della serratura, alle luci spente, alle porte chiuse, alla coppia coniugale, legale, cui è concesso vietare ai figli ciò che non ha mai osato fare.

Perdona la vaghezza, la povertà linguistica, sto compiendo una ricostruzione d'ambiente, e la memoria mi sorregge poco.

Verso sera era sempre un po' freddo. Umido più che altro. La kermesse durava tre giorni. Fuori Milano, vicino a Erba, mi pare, o, forse, si trattava di Como.

Il concerto serale, il più importante, lo si ascoltava già sdraiati dentro il «saccapelo», di quella varietà chiamata Mummia, con la cerniera chiusa sotto il mento.

Giravano spinelli, perché no, lo sai come la penso sulle droghe leggere, si fumava con intenzioni di così tracotante vitalità, da scivolare assai meno frequentemente di oggi verso il basso e pesante consumo delle droghe mortali.

Giravano spinelli, giravano e passavano di mano.

Alcuni, più magri o più matti, nella Mummia riuscivano a chiudersi in due. Se passavi, saltando sulle punte delle scarpe intrise dalla guazza, vedevi il tessuto a trapunta color militare agitarsi in parodie di abbracci.

Passava per quei saccapeli sovraccarichi, per quei girotondi di gente nuda, la liberazione sessuale?

Non lo so. Non è così semplice.

Certe volte le ragazze si sentivano quasi costrette a tessere amori carnali, di fretta, rapide, doveristiche, quasi sbrigassero faccende domestiche, si liberavano dei divieti, delle verginità, interiori ed esteriori, ogni sorta di ipotetico imene, lo strappavano.

Non c'era tempo per ascoltare eventuali richieste del corpo, tese a differire l'evento.

La macchina della ribellione camminava.

Impossibile restare indietro, tentennare.

Per i maschi, forse, era meglio. Si può sempre non chiedere, anche se la mitologia dell'allegra promiscuità, ai maschi pure, imponeva modelli.

Le ragazze ricevevano inviti. Non erano loro a chiedere.

Dovevano dimostrare, cedendo, gradimento e disponibilità. Dovevano, in una parola, dimostrare d'essere «liberate». Ma che liberazione era quella?

Posso essere, per una volta, chiara e convinta, del tutto elementare? La liberazione sessuale non c'è, non è liberazione, finché non si è nudi di modelli, liberi da sovrapposizioni, da doveri sociali, rituali d'appartenenza, esami di modernità. La liberazione sessuale presuppone uomini e donne liberi.

Ti sto annoiando, lo vedo. Guardi da qualche parte dietro le mie spalle, troppo assorto.

Liberazione, libertà, sono parole abusate, altisonanti, vuote. Quando io avevo la tua età, erano quasi nuove.

O almeno così ci pareva.

Voi non parlate mai di liberazione sessuale?

Credete che sia già compiuta, perché in televisione si vedono le gambe e se vi va di portare in camera una ragazza, mamma, connivente, va al cinema, anche se non ne ha voglia?

Si tratta sempre d'archeologia ideale? Potete uscire, potete fare tardi, potete far l'amore. È questa la liberazione sessuale?

Tu sei sulla linea d'ombra, quasi fermo aguzzi lo sguardo per scorgere i contorni della tua giovinezza come uno scalatore guarda la vetta prima di incominciare la salita.

Fra poco, fra molto, avvicinerai una ragazza. Sarai meno spavaldo di tuo padre, che già, a sua volta, era meno sicuro del suo.

Le ragazze di oggi non sono passerotti spauriti, non vi volano addosso. Cioè: lo fanno ancora, ma con ben altra grazia. La consapevole soddisfazione di viaggiare, anche loro, nel cielo, di agitare le ali, le fa più robuste e più sole.

Le ragazze piacciono a se stesse, come una volta si piacevano i maschi.

Ridono, con quell'allegria un po' sofferente, che ha un'eco di duratura energia: ridono di sé, di come avrebbero potuto essere e non sono.

Non sono più bambine con i fiocchi, né maschi cui manca qualcosa. Non sono segregate o inferiori.

Se anche non hanno personalmente vinto le battaglie che hanno aperto la guerra, godono del diritto di difendere postazioni di acquisizione recente.

In tutte, anche nelle più apparentemente sciocche, sentirai, se ascolti bene, la vertigine gioiosa d'un antagonismo, il ritmo di un progetto collettivo, come la base musicale, sopra cui si canta: diventare compiutamente pari all'altra metà del mondo, che per duemila anni ha vissuto di indiscussi privilegi. Diventare donne, imponendo la propria identità.

Le ragazze, mi pare, hanno, pur senza saperlo, da qualche parte nascosto, un modello, un modo di essere donna, cui lanciano grida d'approvazione o sguardi ansiosi.

Le lettere che ricevo da quando, dodici anni fa, ho incominciato a rispondere, per una rivista prima e poi per altre, alla Piccola Posta, mi rimandano vecchie eroine seduttive con rinnovamenti non sempre essenziali: Madonne che sono capo-band con muscoli aggressivi, ma pur sempre bionde.

Comunque la seduzione non è più il solo passaporto per l'esistenza: forse le leader storiche del femminismo non sono amate direttamente, perché godono di cattiva stampa, ma c'è sempre una zia «che non si fa mettere i piedi in testa da nessuno», una madre che «mi ha allevata da sola. Ha fatto tutto lei, anche il padre».

Un'insegnante di lettere che «ha attraversato l'Atlantico in barca a vela». Ci sono le umoriste, le spiritose, adorate perché tolgono ai maschi il potere d'essere l'unico genere che ride dei difetti dell'altro. Ci sono le donne poliziotto. Quelle che vogliono farsi prete. La prima donna sulla luna. Quella che corre in Formula Uno, quelle che vogliono partecipare alla Parigi-Dakar.

Una ragazzina di quindici anni mi ha scritto anni fa: «Io vado pazza per la mia bisnonna che ha ottantasei anni e vive da sola. Dice che lei non ha bisogno di niente. Legge un sacco di romanzi con gli occhiali che sono spessi come due lenti per guardare i francobolli. Va a farsi la spesa. Ed è sempre allegra. Non è mai triste, o almeno non si fa vedere triste perché se no i nipoti insistono per prendersela in casa. E lei non vuole. Non vuole dipendere da altri. Tutte le volte che vado a trovarla mi regala cinquemila lire. Dice che devo tenerle, e poi farle fruttare, per non avere mai bisogno di un uomo, mai, mai dovergli chiedere dei soldi e in cambio dovergli fare i mestieri».

Vedi, tesoro, se tu fossi nato bambina, oggi la tua bellezza mi terrebbe in scacco, e la mia giovinezza ingombrante finirebbe di riemergere in un urto costante di ricordi.

Forse ti misureresti con me, come ci si misura tra donne, rimbalzandoci confronti allo specchio, l'una di fronte all'altra e tutte e due di fronte a terzi, mai arrese, inappagate, con l'ansia di dover piacere a tutti.

Il minimo mistero che ci rende l'uno all'altra così intensamente interessanti, cederebbe a una conoscenza da sorelle.

Dovrei dirti più cose, perché, dell'essere ragazza, ho ben stampate in mente tutte le fasi paniche e le insidie nascoste.

Se tu fossi nata bambina, paradossalmente, mi rassomiglieresti forse meno, perché con ben più grande impegno ti saresti dedicata al compito di non rassomigliarmi.

Forse fra noi l'idillio sarebbe, già da qualche anno, incrinato da piccole collere.

Eppure... al di là dell'egoismo che vuole armonie quotidiane, sarei più tranquilla, se tu ti avviassi a essere una donna.

Voglio essere franca, anche se la frase suona male: che modelli ha un ragazzo sul punto di diventare un uomo?

Qual è la battaglia, chi è l'eroe, chi il nemico?

Tuo padre, che è un modello senz'altro, è purtroppo un modello di mutante: un uomo a cavallo fra due generi. Un quarantenne per bene e di sinistra. Uno che ha avuto mogli femministe, dopo una madre che lo serviva a tavola. Suo padre era un egoista, lui lo è perfino troppo poco.

A quattro anni, mi ricordo, mi hai chiesto, con genuino stupore, dopo aver fatto esperienza d'un ingorgo:

«Perché papà non suona mai il clacson?»

«Perché non servirebbe a niente», ho detto io.

«Ma lo suonano tutti gli altri.»

«Perché non se ne rendono conto. Preferiscono subire come tutti, restando prepotenti.»

«Per consolarsi, fanno i prepotenti?»

«Per consolarsi, sì, per consolarsi dell'ingorgo.»

Non suona inutilmente il clacson, non alza la voce, non alza le mani. Nelle discussioni esprime piuttosto pacatamente il suo punto di vista. Nei litigi prova a considerare, almeno per un attimo, l'intera materia del contendere dal punto di vista di chi gli dà torto.

Del resto, il sentimento delle proprie ragioni non gli è così consueto. Legge molto, partecipa poco. Non azzarda mai troppo, né in proponimenti, né in sogni, neppure in bisogni.

Allenato dal dubbio, pratico di destrutturazione dell'Io maschile, lo anima un principio di non ingerenza negli affari del mondo.

Ha sempre tenuto fede ai suoi turni, per quello che riguarda la fatica fisica di allevare te. Certe volte, se si rivelava necessario al complesso equilibrio che regola la ribellione femminile al ruolo, sapeva sostituirmi.

Ti ha lavato, ti ha vegliato, ti ha portato a scuola.

Forse soltanto le storie, non te le ha mai raccontate.

L'affabulatrice ero io, ero io che ti facevo giocare.

E questo (tu non lo sai, ma te lo dico) non è esattamente un ruolo femminile. Le mamme arrancano con il peso quotidiano, lavare ciò che i figli sporcano, come macchine mai sazie di ripetizione, le mamme sono animali da soma. O almeno lo erano.

Io non lo sono stata mai. Il peso quotidiano lo spartivo, mi estraniavo, se dovevo, nel lavoro, e quando ne sortivo, come un padre che torna dall'ufficio, ti facevo del mio tempo un dono totale, con te mi smarrivo nei giochi.

In un diario di maternità che scrissi quando ti aspettavo, paventavo, rozzamente, un tuo futuro di bambino, con genitori confusi.

«Tu rischi», ho scritto, «un padri due, mamme zero.»

Mi sentivo così inadeguata all'idea di madre regolare, e sentivo così irregolare tuo padre, rassomigliava così poco al padre come l'avevo sperimentato da bambina!

Io avrei lavorato. Lui avrebbe lavorato.

Io avrei giocato, lui ci avrebbe guardati giocare.

Chi ti avrebbe lavato i calzoncini?

Chi avrebbe portato la soma?

Io ti avrei educato, lui ti avrebbe educato.

Avremmo dovuto dire cose diverse, perché la geometria della famiglia venisse rispettata. Io da donna lui da uomo.

Ma io ero una donna appena sfornata, lui un maschio riformato, una riedizione corretta del maschio.

Con personaggi appena inventati e un copione ancora tutto da scrivere, sarebbe andata in scena la commedia?

La sera della prima ero in un bagno di sudore.

Tu faticavi a uscire da me, nemmeno il mio corpo era del tutto adeguato, una porta stretta, un'estrazione violenta.

Al levarsi del sipario io dormivo.

Tuo padre era andato a mangiare un panino.

Nessuno dei due avrebbe scommesso un soldo, sulla riuscita della recita.

No, non ho intenzione di chiederti assoluzione, approvazione, neppure soltanto gradimento.

Nel bene e nel male, difficilmente potresti essere oggettivo. E poi, non sei certo un'autorità in materia, non essendo mai stato padre (né madre).

Ti voglio soltanto comunicare questo: l'eventuale smarrimento, l'ipotetica crisi da carenza di sicurezza che ti dovesse cogliere all'atto di avvicinarti a una ragazza, fra sei mesi o fra tre anni, è normale, non riguarda difetti tuoi particolari.

È epocale, se preferisci. Nobile. Uno smarrimento storico.

Tu appartieni a una delle prime generazioni nate da padri scossi, sconvolti, spostati, diminuiti, destabilizzati.

Padri che hanno dovuto (o voluto), comunque potuto se volevano, dividere l'autorità, spartire lo scettro del comando.

Padri che non hanno potuto, o voluto, usufruire dei servizi femminili gratuiti, su cui i loro padri hanno costruito imperi di distrazione dalle cose naturali della vita: curare, nutrire, riprodursi, socializzare i figli, proteggere gli anziani.

Tu sei figlio del terremoto che ha mescolato i colori delle carte, i semi, i generi.

Che si fa con le ragazze: il duro?

Vantare la propria superiorità e proteggerle?

Pagare la pizza? Spararle grosse?

Abbattere a cornate il rivale per conquistarle?

E se poi, loro, non fossero così liete di essere conquistate?

Se preferissero il rivale? Saltasse loro in testa di scegliere il più debole, quello che ha perso?

E se fosse lei, Maria Qualcosa, che ha voglia di pagarti la pizza? Tu fai finta di essere un colosso e lei va pazza per il tipo che sa piangere.

Nota bene, non te lo sto augurando.

(Nemmeno a me, francamente, lo auguro.)

Non è matematico, che il rovesciamento della regola rimossa porti alla perfezione sognata.

Anzi.

Nei periodi di transizione succedono baruffe della logica: sostieni la supremazia del ragionare e ti innamori di un barbaro irruente.

Adori chiacchierare e ti fidanzi con un sordomuto.

Metti a punto un modello di maschio adatto a relazionarsi con donne liberate e all'improvviso ti sembra un manichino. Lo metti da parte e ti prendi una sbandata per suo fratello, uno che appena dici: «io penso», è pronto a lodare la resistenza del femminile involucro, che tanti contenuti ha sopportato senza perdere un etto del suo fascino, e ti piazza una manata sul sedere.

Che si fa con i ragazzi?

Ancora la seduttiva? Quella che li ascolta con gli occhioni sgranati? La succube, la silenziosa? Oppure c'è la possibilità, già da subito, di essere come si è, con le proprie novelle sicurezze, senza rischiare di restare sole?

A quarant'anni tutto è un po' più semplice, anche se non più allegro. Vivere senza modelli di comportamento può essere addirittura un bene. Un formidabile elisir di giovinezza.

Sentirsi fragile, sentirsi forte.

Sazie di autonomia, decidere di chiedere.

Ostentare una salute perfetta, nell'accettare la propria debolezza. Amare un uomo, non amarlo, essergli amica, fare senza. Sperimentare il cameratismo, e ricostruire, magari forzando il sottofondo musicale, un percorso di intrighi, un minimo mistero.

Anche noi siamo confusi, noi grandi intendo.

Non te lo confesserei se non sapessi che, in fondo, ti piace, saperci tutti a bordo dello stesso battello.

Noi e voi.

Tutti insieme, voi con più impeto, noi con più cautela, dovremo mettere a punto nuove regole di galateo sessuale, cambiare le parole alle canzoni, ripristinare gesti e inventarne, se ci riesce, di più adatti alle mutate condizioni dell'alcova.

Ma soprattutto ridarci una distanza.

Allontanarci di qualche passo, le donne dagli uomini.

Quel tanto o poco che risulta necessario a gustare i particolari di un quadro, a superare le secche della disattenzione.

Il terremoto che è scoppiato, prima che tu nascessi, ancora fa scricchiolare sotto i passi, come una lastra di ghiaccio sul punto di spezzarsi, ai ballerini la pista della danza.

L'esplosione della autonomia femminile ha scagliato le donne nel mondo del lavoro, che era il luogo delle identità maschili.

La casa, scrigno di attese e di premure, è un tempio sconsacrato. Il culto si recita la sera, affrettatamente.

Non c'è sacerdotessa.

Lui e lei, laici e stanchi, arrivano alla stessa ora.

Anche lui si carica di una parte del domestico rituale, dato che anche lei ha contribuito a pagare le rate, a riscattare con il mutuo il focolare.

Insieme nel club non più esclusivo del posto di lavoro.

Insieme nel gineceo disabitato della casa.

Insieme sulle strade, ciascuno con il suo volante fra le mani, al semaforo, ringhiosi, lui e lei, una fretta dannata, lei più di lui, perché i compiti del privato sono lontani da una ripartizione equa, lei più di lui, perché lei deve anche – magari – farsi bella, mentre a lui basta cambiarsi la camicia, insieme a contendersi furiosi, lui e lei, il rettangolo immaginario di un parcheggio. Insieme nella gara, per quanto lui conservi dei vantaggi. Insieme al traguardo, lui vince, ma lei ha partecipato. Si sono, a vicenda, ascoltati il pulsare del cuore, annusato il sudore, svelati i più sordidi trucchi, cedimenti eventuali, scorrettezze e paure.

Insieme, come condannati, a ripetersi l'un l'altra, a imitarsi. Lei più di prima affacciata sull'esterno, pigra di sentimenti, attiva di ambizioni. Lui più devoto alla cura del corpo, più transigente al pianto, più incline a compatirsi.

Una brutta copia, l'uno del passato dell'altra.

È questo il moderno melodramma, caro figlio, se vuoi sapere come la penso, l'inferno dell'omologazione.

Ci si crede totalmente visibili e decifrati.

L'uno per l'altra, chiari e plausibili.

Tempi più sospettosi, più separati e ammantati di mistero, quelli dei quarant'anni di mia madre, erano tempi di più facili amori.

L'uomo che torna, la donna che resta.

Due diversi movimenti, il ritmo lui e lei la melodia.

Non fraintendermi, non sto sognando niente, non ho rimpianti per quello che ho contribuito a demolire.

Soltanto, ancora, come altre volte in queste pagine, voglio proporti una ricognizione, fare il punto con te, di dove siamo.

Noi siamo fermi, intendo noi adulti, a farci il muso.

Consapevoli dei nostri diritti, incerti dei doveri: ciò che ci spetta, che cosa aspettarci dall'altro o dall'altra.

E voi?

Inutile negarlo, inutile tacerlo, anche se dicono che non dobbiamo caricare di responsabilità le vostre spalle dalla morfologia non ancora definitiva (lo sai che la clavicola è l'ultimo tratto dello scheletro umano a ossificarsi? A venticinque anni, si smette di crescere), contiamo su di voi, sulla tua generazione, per una riabilitazione totale dell'amore.

A carte mescolate, nati dopo come siete, con l'ottusa energia di chi incomincia, che concede il privilegio di sbagliare.

Sulla tua futura vita sessuale, da aggiungere al tuo bagaglio non ho niente. Niente di più sostanzioso, intendo, di queste poche descrizioni, paesaggi confusi, instabili. Segnalazioni di strettoie.

Posso dirti come vorrei non andasse, come prego che non finisca di accadere.

Vuoi? Oppure hai paura di sentirti, poi, addosso, le mie fosche previsioni, per iettatura o per ipocondria?

Vuoi, lo vedo dai tuoi occhi.
È una sfida ascoltarmi, per te.
E per me, trovare le parole.

Non vorrei che finisse malamente, con la paura delle malattie.

Esiste, la sindrome da immunodeficienza. L'Aids. Esiste, la possibilità di rovinarsi, facendo l'amore, con la leggerezza necessaria, insieme a una ragazza che ti attrae.

Esiste, come esiste per lei, che non sa chi sei tu, con chi sei stato. Eppure non vorrei che finisse con la rinuncia a seguire l'impulso di sperimentare la possibile fusione di due corpi (è un bel momento) per la possibile contaminazione virale. Perché lei può aver avuto una relazione con un tossico o aver lei stessa commesso qualche drammatica sciocchezza, non vorrei che tu dovessi rinunciare.

Nota bene che ho una paura da morire.

Ho paura per te, per voi, per tutti.

Quando sarà il momento, sarò asfissiante. In tutte le tasche ti infilerò i preservativi. Ti pregherò di far domande.

Di inventare un neoromanticismo che non si lasci scoraggiare da qualche interrogatorio preventivo.

(Posso provare a scrivervi i copioni, non me ne importa di essere derisa.)

Non vorrei che tu dovessi rinunciare, né per ansia d'ammalarti, né per altre piaghe attuali, meno pubblicizzate, ma non per questo meno amare: una certa avarizia sentimentale, per esempio.

Una tendenza a non rischiare, a non prendersi responsabilità affettive, la stessa che fa fiorire il sesso telematico, le offerte di carezze ai terminali, le infime e noiose sconcezze telefoniche, le ammucchiate via fax.

O anche, per contro, i precoci sposalizi, le monogamie coatte non più dal diritto di famiglia, ma da situazioni paniche e pigrizie.

Non vorrei per te sistemazioni inadeguate, matrimoni affrettati, di quelli che si spengono subito, nella routine di non amarsi.

Non vorrei che tu avessi paura delle donne.

E neppure indifferenza, al loro riguardo, poiché non sono più complemento di te, accessorio necessario.

Non vorrei che foste tutti delle monadi, corpi richiusi su se stessi, ricci che non vogliono aprirsi al soffrire e si difendono con le rinunce.

Non vorrei che l'ingegneria genetica vi sgravasse dalle ultime ragioni per stare insieme, i maschi con le donne, montando nell'anticamera da letto uteri a microonde, dove dal seme di rapporti solitari, come torte lievitassero i bambini.

Non vorrei che finisse per non attrarti affatto, l'altra metà del mondo, l'altro genere.

Non vorrei che tu praticassi un sesso ginnico e preciso.

Pulito, cauto, senza conseguenze.

Da scegliere, o rimandare, dopo aver compulsato i programmi delle televisioni, il carnet degli impegni, le varie ed eventuali.

Non vorrei, in definitiva, che tu separassi il sesso dall'amore.

Non perché credo che senza l'amore il sesso sia peccato, ma perché è deludente separare.

Non vorrei che tu sapessi circoscrivere, al corpo o a una singola sua parte, l'interesse che provi per una persona. Tutto qui.

A una carezza segue sempre un certo sguardo.

VIII

DEL TEMPO, DEI TRUCCHI E DEGLI IMBROGLI

La conversazione fra adulti e non adulti non è mai stata un granché. Ai miei tempi era addirittura miserabile, poiché le età della vita erano separate da ingranaggi di non comunicazione, ciascuno si barricava nella sua e le sortite erano brevi, recitate.

Le domande basilari erano due: come va la scuola?

E: che cosa farai da grande?

Il resto erano variazioni sul tema.

Poiché mi ricordo lo strazio di dover rispondere, ti ho sempre risparmiato, spero che tu te ne sia accorto, almeno la seconda domanda. Sogno sul tuo futuro, come tutte le madri, ma credo che tu non abbia voglia di collaborare ai miei sogni, non vuoi sapere «cosa farai da grande».

Soprattutto non adesso, che non è più così lontana la linea d'ombra, il passaggio immaginario, traguardo e nastro di partenza, fine e inizio.

Fare progetti è più facile da piccoli.

A sette anni volevo fare l'architetto.

Mi divertiva tracciare su un foglio a quadretti il perimetro di un appartamento. Disegnavo tondini e rettangoli, dicevo: qui c'era il letto, questo era il tavolino, sul letto c'era una coperta rossa. Se interrompevo la linea del muro, il tratto vuoto era la finestra. Su un altro foglio disegnavo il giardino. Immaginavo dalla camera dei figli quale sarebbe stata la vista. Un ramo, un uccellino. A parte disegnavo la famiglia.

Mi piaceva immaginare la vita.

Io avrei contribuito ad abbellirla.

Avrei costruito case con la mia matita, soprattutto per i poveri, per chi aveva case brutte. Con i giardini, con le coperte rosse. Vivere in case brutte, avere brutti oggetti, cose grigie, era la forma fisica dell'infelicità, la miseria per antonomasia.

A sette anni era facile. Il futuro era avvincente, senza peso. Un film che ti vedeva spettatore, protagonista eri tu «da grande», tutto sommato un'altra persona.

Alla tua età, tutto mi era già meno chiaro.

L'idea dell'architetto si era beatamente dileguata, con la scoperta che una dose inevitabile di matematica e geometria avrebbe turbato il piacere di inventare finestre, l'estro di fiorire i giardini.

Personalmente, non me ne importava un accidente, in casa a disegnare sui fogli a quadretti proprio non ci stavo più, avevo altro per la testa.

Ma gli adulti erano implacabili, più crescevo, più mi ossessionavano con la domanda.

Che cosa avrei fatto da grande? Che cosa intendevo fare?

Per i maschi era ancora peggio: «che cosa farai» equivaleva a che cosa sarai. I maschi adulti erano quello che facevano. Io sarei stata una mamma e una moglie, come tutte le ragazzine sufficientemente dotate da poter aspirare alla normalità. Questo era acquisito.

La domanda eventuale riguardava semmai il numero dei figli. Non avevo mai detto «quattro», come, trionfalmente, le mie compagne di scuola.

Sorridevo educatamente.

Un maschietto e una femminuccia? Sì, sì, certo...

Per condizione di classe, posizione geografica (il nord Italia) e incombenza del mutamento (gli anni sessanta inclinavano progressivamente ai settanta), mi veniva concesso che non avrei fatto solo figli. Quindi dovevo rispondere.

Avrei dovuto essere grata per l'implicito riconoscimento della mia relativa superiorità sulle donne da riproduzione, invece mi infuriavo.

Non lo sapevo che cosa diavolo avrei fatto da grande, e non lo volevo sapere.

Inventare, rispondere una cosa qualunque, non osavo, per superstizione, dovesse piombarmi addosso una malafortuna.

A dire «non so» si passava per scemi, e io ci tenevo a essere ben giudicata dagli adulti, per una questione di amor proprio. Decisi di continuare con la favola dell'architetto.

Giardini, coperte rosse.

Quasi per aggrapparmi a una continuità con l'infanzia e i suoi progetti irreali.

In matematica e in disegno ero pessima, fin dalle scuole medie, e la mia incompetenza botanica era totale.

I tuoi nonni, che lo sapevano, mi dileggiavano in privato: l'architetta dei muri storti, l'arredamacerie, la giardiniera dei fiori morti. Ma in pubblico appoggiavano la recita.

Anche loro, in fondo, dovevano liberarsi della fatidica domanda, non è bello essere genitori di una figlia che risponde «non so».

Che cosa farai da grande?

L'architetto.

Brava. Grazie.

Subito dopo, fu la rivoluzione.

Non che la vantassi come sbocco professionale.

Ma era un buon modo per chiudere il discorso.

Avrebbe rappresentato, la rivoluzione, una cesura, un taglio, una voragine, niente di quello che sarebbe avvenuto dopo poteva essere giudicato da chi viveva prima, specialmente se si trattava di un adulto, fuori dalla comune e dalla storia.

Il futuro era ovviamente imprevedibile.

Un'alzata di spalle bastava.

Cosa farai da grande? Il ministro del pane e delle rose. L'addetta culturale alla qualità della vita. Lavoro nei campi alla bella stagione, produzione di idee nell'inverno. Studio nel pomeriggio, ballare sempre. Ogni sei mesi un mese in fabbrica per non distaccare dalla radice-massa, come un ramo secco, come un frutto pesante, la testa intellettuale.

Da grande mi rieducherò, avendo vissuto un terzo della mia vita nel molle capitale.

Darò secondo le mie possibilità, riceverò secondo i miei bisogni. Che imperdonabile sciocchezza domandare!

Essere grandi, quando sarò grande io, sarà tutta un'altra vita. Fine della famiglia claustrale, chiusa col lucchetto, si avranno dei bambini che saranno uomini e donne completamente nuovi. Li alleveremo in gruppo, in falangi, in luoghi deputati. Li alleveranno i saggi, gli addetti, anche i papà e le mamme, certo, ma senza quel pigolare possessivo. Le case saranno aperte, accesso regolato dal desiderio di accedere e da legislazioni interne, al gruppo, alla falange, alla commissione deputata...

Il partito? No, no, troppo rigido. Inventeremo nuove forme. Il senso permanente della responsabilità collettiva, una rivoluzione personale, totale, così estesa che per scorgerne i contorni si dovrà fare un passo indietro verso la memoria.

Il millenovecentoottantaequalchecosa.

Nel duemila, il nuovo mondo avrà già vent'anni.

Vedrete. Non vedrete? Non importa.

Non credete? Fa niente. Voi non credete. E io non vi rispondo.

«Bene, mi fa piacere, vederti ridere di gusto.»

«Mica ti offendi, no?»

«Figurati.»

«Ma davvero avevi già sedici anni? E come facevi a essere così scema: voglio dire... era tutto un po' vago, no?»

«Se la sinistra, come si dice adesso, non ha mai sviluppato una cultura di governo, immaginati se poteva essere precisa una ragazzina del liceo, nel progettare la gestione del potere.»

«D'accordo, ma anche la rivoluzione... pensavi davvero che l'avreste fatta?»

«Non lo so, forse no, non mi ricordo.»

«Allora eri mitomane.»

«Ecco, vedi, io ti faccio una confidenza e tu te ne approfitti per sbeffeggiarmi.»

«No, no. È che adesso sembra un'idea così assurda.»

«Quello che mi premeva dirti è che anch'io, come te, sfuggivo alla domanda. Cosa farai da grande? La rivoluzione. Era come dire: chiudi il becco. Lasciami in pace, non voglio comunicarti i miei piani.»

«Io, mica la sfuggo la domanda.»

«Lo credo, nessuno si sogna di fartela. Prendi me: ho mai osato interrogarti sul tuo futuro?»

«Fai pure.»

«Davvero posso?»

«Accomodati.»

«Allora, di'... come ti immagini? Che cosa vuoi? Hai dei progetti? Che cosa ti piacerebbe fare, come vorresti essere?»

Ride, anzi ridacchia. Non è la scomposta allegria di prima, quella con cui sfotteva il mio immaginario maoista.

C'è una rigidità, un disagio.

Il solito silenzio, quell'andare e venire della punta della matita sul foglio, una nervosa attività di scarabocchi.

«Se non ti va possiamo lasciar perdere. Ho resistito tredici anni, senza far domande...»

Si alza, si porta impulsivamente alle mie spalle.

Memore di Orfeo con Euridice, non mi volto a guardarlo.

Dovesse scomparire, o rimettersi a parlarmi di calcio.

«Noi non pensiamo tutto 'sto tempo al futuro.»

«Ah no?»

«No. E neanche al passato.»

«Ne avete talmente poco.»

«Ne abbiamo. Ma pensarci è da scemi. Ragiona: i ricordi, se sono momenti belli, siccome sono finiti, ti scoccia. Cioè: ti rattrista pensarci. Se sono momenti brutti, che ci pensi a fare? Sono passati e basta. Meglio dimenticarli, no?»

«Non pensate al futuro, non pensate al passato. Ma il presente non è pensabile. Non si può raccontare, mentre parli del presente, il presente è già passato. Non ha durata. Non si può fermare.»

«Allora il futuro prossimo. Domani. Oppure più tardi nella giornata. Ti svegli e cerchi di pensare qualcosa di piacevole.»

«Tutto qui? Ma un sogno, un progetto, qualche prospettiva? Il tempo va sempre dall'alba al tramonto?»

Tace, un po' contrito.

Sbaglio tono, è difficile, chiedere conto a chi è nato tanto tempo dopo, chiedergli conto dei suoi pensieri senza giudicare, senza fare confronti.

«Scusa», dico. E non so neanch'io, di che cosa, esattamente, mi dovrebbe scusare. «Scusa perché io... anzi no, non io, tutte, quasi tutte le persone che hanno raggiunto la mia età, credono di avere un'idea di come bisogna essere, quello che si deve pensare, di cosa preoccuparsi e come muoversi... » Mi interrompe:

«Io non è che non ci penso al futuro.»

Pausa.

Riesco, mordendomi la punta della lingua, a serbare un cortese silenzio.

«Io penso a quando sarò un uomo. Penso che avrò un lavoro divertente, che avrò un po' di soldi, che avrò una bella moglie, intelligente e simpatica, che avrò degli amici, che sarò benvoluto, sano e felice. Ecco che cosa penso. Trovami una sola persona della mia età che si immagini un futuro da sfigato. Credi che esistano? Uno che pensa: da grande me ne starò sotto i ponti solo come un cane? C'è? C'era ai tuoi tempi?»

Scuoto la testa.

Resto in silenzio.

Mi sembra di vedere dietro la pelle della sua fronte un movimento, come un cozzare di pensieri. Continua:

«Quando si pensa al futuro, si pensa sempre a qualcosa di perfetto.»

«E che c'è di male?»

Si arruffa, mi guarda come se non volessi comprendere un'ingiustizia evidente.

«Comodo per la signora! A lei è già successo tutto, ma a me no. A me tutto deve ancora succedere, lo capisci questo?»

«Beato te.»

«Beato me un corno! E se poi non succede niente? Pensare al futuro noi non lo facciamo perché ci fa stare in ansia. Potrei non combinare niente. Restare solo, avere un lavoro schifoso. Finché ci siete voi, siete voi a decidere. E dopo? Dovrò scegliere io. E se non so scegliere? Posso pensare soltanto a stasera, a domani, penso al massimo fino alla prossima domenica.»

Dopo il pensiero debole, ecco il pensiero corto, variante giovanile dell'angoscia.

Mi sono permessa di interrogare tuo padre, se ricordava di quand'era ragazzo, se ricordava d'aver pensato poco o molto al suo futuro.

«Costantemente», mi ha detto. «Come ci pensa il condannato a diciotto anni di galera.»

Contava i giorni che lo separavano dalla fatidica fine del liceo. Se ne sarebbe andato. Si sarebbero divelte le sbarre. Sentiva i cardini cigolare.

Tutte le volte che pensava alla fine della scuola lo percorreva un brivido, si emozionava. Fuori da casa, fuori dal paese, verso Roma, verso il mondo. Era la libertà, con il suo profumo esaltante, non si interrogava sulle sue possibilità di riuscire. Tutto gli pareva altrettanto godibile, fuori.

I suoi, erano progetti d'evasione. Sarebbe stato magnifico, inevitabilmente, il teatro della sua nuova esistenza.

Per il solo fatto di essere altro dalla vita di suo padre e di sua madre. Al sud dove era nato contrapponeva il centro, alla cittadina la città, il mondo alla provincia, alla grettezza la generosità, la cultura all'ignoranza. Studiava con l'avidità dei reclusi, come costruendosi una corda robusta, come intagliasse nel sapone la sagoma di una pistola, un'illusione di forza.

Tu appartieni, e lo sai, a un certo privilegio.

Fra noi, c'è sempre stata reciproca attenzione, un antidoto potente, al malanimo fra consanguinei. È vero, e non voglio nasconderti la mia infantile fierezza. L'ingenua speranza che sia servito quantomeno a questo, a farne una migliore, tutta l'energia spesa a contestare la famiglia.

La tua vita prima dei diciotto anni non si presenta come una galera. E nemmeno come un universo contrapposto.

Sei dei nostri. Siamo tutti imbarcati sul medesimo battello. Non ci sarà la guerra, che ha violentato la giovinezza dei tuoi nonni, né un'impennata di contestazione, una soluzione di continuità ideale, una ribellione, come è stato vent'anni fa, per noi.

Vi costringe a misurarvi con noi, taglia le vie di fuga, la coscienza d'essere dentro il nostro stesso Tempo Storico? È questo che vi fa paura, che vi fa indietreggiare, che blocca l'attività desiderante?

Parlando con una scolaresca, alla periferia di Roma, in un istituto professionale, mi ha colpita la tristezza, il cinismo un po' patetico.

A quindici anni, sedici, diciotto, erano già tutti pronti a ritirarsi.

Un'allegria da vecchi, era l'unica concessa: la vita va come va, nasci e sai già se avrai vinto o perso, come ti piazzerai nella corsa. Allora tanto vale risparmiarsi, non faticare.

Il futuro sta in un pacchetto accanto alla tua culla.

C'è dentro tutto: tuo padre e tua madre, se hanno conoscenze, se avrai dei «santi in paradiso», se c'è una forza in famiglia, una possibilità di riscatto, che costringa chi ha il potere a farti spazio, a spartire con te qualche pezzo di torta.

Era una di quelle giornate fredde di marzo, con il cielo spazzato dalla tramontana e un'energia quasi di festa nel movimento costante delle nuvole, che disfavano e riformavano figure, senza sosta. Per contrasto, ancora più immobile mi appariva, nei banchi, quella platea di adolescenti.

Grandi di corpo, con grosse mani, una quantità di capelli le ragazze, folti e ondulati, abitati da pettini e da fibbie, nastri, cordini, cerchietti, pinze.

Mi guardavano educatamente, aspettando in silenzio che finisse un'altra ora di scuola, quella dei discorsi.

Mentre parlavo, ascoltavo la loro distanza.

Più avanti, con alcuni di loro, le ragazze più sveglie e un paio di maschi disperatamente spiritosi, ci siamo rivisti. Davanti a un hamburger, in uno di quei locali per ingerire cibo rapidamente, che hanno un aspetto un po' da latrine giganti.

Faticosamente all'inizio, e poi via via riscaldandoci, abbiamo parlato. Una delle ragazze era attiva in un gruppo cattolico, faceva cantare i bambini. Un'altra era innamorata, mi ha fatto leggere le poesie del suo ragazzo. Dei maschi uno suonava bene la chitarra, un altro era portiere in una piccola squadra di calcio.

Riuscire a giocare in serie B?

Un'audizione in un teatrino per farsi conoscere?

Gentilmente si facevano portare per mano, verso piccole ambizioni. Apprezzavano, come dire, il mio cortese interessamento.

Per non deludermi, azzardavano piani. Sì, sì. Certo, certo.

Certo sarebbe bello, dicevano con annoiata benevolenza.

Sarebbe bello sì, se succedesse.

Come la dama stupida di una moderna Società Caritatevole, San Vincenzo o Santa Speranza, mi impegnavo a ridurre la visibilità, a sfumare le asperità del reale, che loro vedevano con grande esattezza. Un futuro truccato, un posto assegnato in anticipo. L'unica mobilità possibile è la mobilità economica. Eventualmente fare i soldi.

Era questo il messaggio che, inconsapevolmente, consegnavano al mio adulto orrore illuminista.

La società di questi anni non è mobile, dicevano, senza dirlo.

Non c'è spinta, niente ci sorregge, nessun vento.

Non è che non saremmo disposti a farcene travolgere.

Credi che ci piaccia l'idea di ripetere la relativa povertà dei nostri padri?

Dal basso, dalla base della piramide sociale, dalla giovinezza, chi guarda in alto, vede scuro.

Della passività, del cinismo, la dipendenza dalle sostanze tossiche, l'assumere droga, non è che una variante accidiosa. Un tentativo maldestro di stabilirsi per sempre nel presente.

Una soddisfazione momentanea.

L'eliminazione drastica e assoluta di ogni idea di futuro. L'inverso della progettazione.

Non tanto, non più l'autodistruzione volontaria, il nichilismo dei mangiatori d'oppio dell'inizio del secolo, quanto piuttosto una modesta accettazione del grado zero della vita: godersi un flash di chimico calore, un'intensità artificiale, e non pensare a come si starà dopo.

Su, dài, non fare quella faccia, non è un discorso che sto facendo a te direttamente, il discorso del tempo della droga, o almeno non nello stile «mettiti la maglietta», quello delle preoccupazioni materne. So che sei un militante della sobrietà. Vedi male perfino i miei ostinati rapporti con le sigarette e con il vino.

E avresti anche ragione, bevessi per stordirmi, volessi mandarmi in fumo la coscienza.

Quello che voglio dire è che l'universo dei drogati, quello sbattersi per via, cercando dosi, derubandosi l'un l'altro, inseguendo un cantuccio appartato per bucarsi, sarebbe miserabile, anche senza la droga.

Del resto: ha eccellenti sostituti la droga.

Ce ne sono, forme di dipendenza dal piacere immediato e facile. Soprattutto se si indulge, anche dopo i tredici anni, alle seduzioni del «pensiero corto».

Posso chiederti di ripristinare al più presto la reietta categoria del futuro?

Ti prego, caro figlio, fai progetti.

Tutto il tuo pensar corto mi mette addosso un'apprensione...

Che tu possa trovarti sprovvisto, più avanti, o anche quasi subito, d'un propulsore ad alzarti la mattina.

La posizione eretta, tu lo sai, rispetto al tempo terrestre, è una conquista relativamente recente.

Occorre un pizzico di buona volontà per non involversi verso il pianeta della depressione.

Ieri, che buffa giornata, sei stato tu a prendermi da parte, in qualche modo a stuzzicarmi, a fare il verso ai miei discorsi seri, con una faccia un po' da malandrino.

«Tu al tempo ci pensi troppo» mi hai detto.

«È vero. Troppo.»

Lo vedi? Conosco le mie debolezze.

A un certo punto della vita, ma non so dirti esattamente quando, ci si accorge di non essere immortali. Non è paura della morte, quella c'è anche da bambini, e non riduce, per un po', neanche il coraggio fisico. La percezione della mortalità, curiosamente, si accompagna alla scoperta d'aver avuto una vita sola, soltanto una, in sorte. È un brutto colpo inferto allo spirito di leggerezza, forse il più forte, poi ne verranno altri, ma meno radicali, meno spaventosi. Ti svegli una mattina e, all'improvviso, ti rendi conto di aver capito: non puoi essere una squisitamente ascetica creatura dei boschi, se vuoi essere un'animatrice di salotti. Se fai l'avventuriera, se voli in deltaplano, scali l'Himalaya o giri il mondo su una barca, difficilmente potrai star concentrata il tempo necessario per scrivere romanzi.

Se vuoi dedicarti tutta intera alla cura di te stessa, corpo e anima, non puoi mettere al mondo sei figli, e adottarne altri quattro e organizzare asili per i poveri.

O fai la pianista o la ricercatrice di vaccini.

Sembra banale e lo è, come tutte le verità ovvie e sgradevoli, di cui prendiamo atto il più tardi possibile.

Le piccole scelte sono già un bel tormento, le grandi si escludono le une con le altre, non vogliono convivere, non si lasciano mescolare.

Hai ragione tu, indubbiamente: pensare lungo fa paura.

A te perché devi ancora fare tutto.

A me perché prima o poi dovrò smettere di fare.

Pensare lungo alla tua età vuol dire progettare, credere fermamente che una vita possa essere migliore di un'altra. Alla mia, inevitabilmente, significa l'affacciarsi del dubbio che tutto quanto sia molto relativo.

Successo, onori, amori, denari, idee, ideali. Buone maniere, riti sociali, vantaggi. Tutto cade sotto il destino di dissolversi. Dico questo non per caricarti del peso di un sollievo che non hai ancora l'età per gustare, e nemmeno per la mia vecchia vocazione alla sincerità (per quanto incida, e ti assicuro che non smetto di dolermene).

Dico questo perché non voglio che un equivoco si insinui, fra le poche chiare cose introdotte fin qui nel tuo bagaglio.

Non voglio che tu possa pensare all'ambizione, come sola alternativa alla pigrizia, alla passività.

Raggiungere risultati tangibili va bene, introduce, nel

caos del tempo, un ordine, una classificazione, mette argini alle ore, agli anni.

Ma non è l'ambizione, l'antidoto all'immobilità, al pensar corto per paura che troppo rapidamente tutto scorra e ti possa travolgere.

L'antidoto, credimi, è da mezza vita che ci penso, l'antidoto più sicuro è l'attenzione.

L'attenzione scompone il tempo in tanti singoli momenti, e ad alcuni regala una magica durata, ad altri la puntiforme felicità della visione.

Vivere attentamente, in un certo senso, è vivere al presente, attrezzandosi, contemporaneamente, per il dopo.

Bisogna farsi crescere gli occhi fino a una certa dismisura. Guardare.

Scendere per strada è un'avventura. I passanti diventano personaggi di un racconto. Il rumore della città è una musica da ascoltare. Decifrare le chiacchiere degli altri, i discorsi che ti sfiorano appena, mentre passi, mentre gli altri passano e proseguono per itinerari che non sai.

Guardare è un esercizio dello spirito quasi sempre possibile. Guardare fuori, guardarsi dentro.

Anche quando la vecchiaia ci rende pressoché invisibili agli altri, noi, non guardati, possiamo guardarli. Divertirci di loro, assaporarli. Guardarsi dentro: districare i nodi, come lentamente una matassa, è un'avventura, un viaggio.

Antidoto alla noia è l'esercizio dello sguardo, una vera medicina. Una preparazione all'indulgenza, quasi un corso per allievi poeti, un apprendistato di grandezza.

Scomposto per singoli momenti, il tempo è più mansueto.

Consente il godimento, che è non cedere alla fretta, non avvilirsi nella ripetizione.

Voglio dire: tu devi compiere gli stessi gesti tutti i giorni, alzarti, lavarti, vestirti, salire sull'autobus, scendere, entrare a scuola, sederti al banco, scambiare le solite battute coi compagni, tornare a casa, mangiare, giocare, studiare il necessario, scambiare qualche chiacchiera con me, telefonare, guardare la televisione, mangiare ancora, ancora televisione, e poi a letto. La mattina dopo ricominciare il gioco, fino all'automatismo, fiaccamente, come un predestinato all'ossessione. Quando il liceo sarà finito, ci sarà un'altra scuola e poi il posto di lavoro. Il percorso sarà nuovo soltanto i primi tempi. Sarà nuovo avere una ragazza, quando ce l'avrai, poi diventerà ripetizione. Così sarà il matrimonio o l'esser padre, ogni nuova avventura.

Soltanto gli inizi sono marchiati da un'eccitazione, che svanisce rapidamente. Torna la nebbia, se si quieta il vento, e quando, poi, soffia di nuovo, ti rimette solerte sotto gli occhi il rigido contorno delle case, le strade che hai già visto, quell'albero spoglio ormai di seduzione, il negozio di cui conosci la vetrina. Soltanto l'attenzione può ripararti, difenderti, dal senso di sazietà che crescere diffonde, come un veleno non grave, a guastare il gusto della vita.

Sotto il segno dell'attenzione, da ogni vecchio percorso, puoi ottenere particolari nuovi.

«Tu, è da quando sono nato che me la rimeni con questa storia dell'attenzione.»

«Scusa tanto.»

«Ma no, c'è mica da scusarsi. Io lo so che lo dici per il mio bene.»

«Che espressione virtuosa!»

«Ti sei arrabbiata?»

«No.»

«Invece sì.»

«Sì.»

«Ecco, vedi?»

«Ecco vedi cosa?»

«Vedi come sei. Lei parla e tutti devono capire cosa dice. Essere d'accordo. Fare come dice lei. Grazie mille, felici e contenti. L'attenzione su e giù, lo sguardo qua e lo sguardo là... che cosa vuol dire concretamente, come si fa a fare questa benedetta attenzione, che poi non ti annoi o chennesò, non invecchi, non muori. Come si fa? Qual è il trucco? Qual è la formula?»

Non c'è trucco. È come una disciplina quotidiana.

Cercare lo stupore.

Provare a cambiar luce, cambiare punto di osservazione. Ti ricordi quando abbiamo attraversato la Francia, su un camioncino dipinto di rosso? Non puoi ricordarti, avevi un anno e mezzo. Vedi, a un anno e mezzo sapevi stupirti di tutto. Un'ombra sul muro, il tappo di una bottiglia, il colore della senape. Sul passeggino ti spingevo nella penombra delle cattedrali, nei musei. Io mi estasiavo davanti ai capolavori, tu pure eri estatico, ma lo eri ugualmente davanti al miracolo banale del bricco che fischia sul fuoco, del vapore che sormonta la pentola.

Nel corso del nostro primo viaggio insieme, mostravi una passione assoluta per i rigagnoli, ne avevi visto uno e ti era piaciuto, cercavi di trovarne altri, ogni scolo d'acqua era una festa dei sensi. Ricordo che ero sempre divisa fra il piacere di seguire le tue esaltazioni suburbane e quello di trascinarti a dividere le mie, artistiche o turistiche.

Si finiva per praticare una salomonica via intermedia: ti portavo nelle cattedrali, ma restavo con te a spartire il formidabile piacere di vedere ondeggiare la fiammella in cima alle candele, perdendomi le solenni proporzioni della navata centrale.

Non ti sto consigliando di rimbambire, dopo averti proposto di «seppellire l'infanzia».

Mi preoccuperei, se ti vedessi ancora intento a corteggiare la parte scoperta della rete fognaria.

Credo tuttavia che sia possibile, sforzandosi il giusto, permettere al bambino sepolto (c'è in me, in te sarà indubbiamente più fresco) di effettuare qualche sortita, di aiutarci a scoprire il miracolo del bricco, e del vapore, a cercare arcobaleni nei rigagnoli.

C'è un esemplare di adolescente che mi è particolarmente antipatico. Poiché finora mi sono spesa per difendervi, tutti, in blocco, dalla malevolenza del mondo, mi concederai di descriverlo, esprimendo il mio disappunto.

È lo spossato e masticante giovanotto che si trascina per le vie della città, gli occhi bassi, le orecchie otturate accuratamente dagli estremi della cuffietta stereofonica collegata al miniregistratore da passeggio.

È il monumento all'uomo che non guarda.

I suoi rapporti con l'esterno sono ridotti al doveroso calcolo di schivare i mezzi pesanti, autobus, camionette, ambulanze.

Le automobili le contrasta indomito.

I passanti li travolge senza risentimento né rispetto, semplicemente perché si trovano sulla sua traiettoria e non hanno facoltà di spedirlo all'ospedale, non essendo lastricati di lamiera. Certe volte, se sono di umore pedagogico, ingaggio qualche silenziosa battaglia, con la sua disattenzione integrale.

Faccio dei versi, faccio smorfie, inveisco.

Lascio cadere una frase ben tornita urlando per soverchiare i Guns and Roses, gli U2 o chi diavolo gli sta cantando nelle orecchie. Niente.

Avessi tempo da perdere, ho pensato certe volte, lo pedinerei. Voglio vedere quanto riesce a camminare senza guardare, senza sentire, isolato nella sua musica.

Non l'ho mai pedinato.

Ma immagino la sua vita.

Non tanto la sua vita presente (sarebbe presuntuoso da parte mia credere di poter immaginare i minuti rituali di un adolescente, non so neanche i tuoi che ti ho sott'occhio), quanto il suo futuro. Che adulto sarà il giovane spossato e masticante, capace di attraversare un'intera città senza degnarla di uno sguardo?

Un pesce lesso. Un tonto. Un infelice.

Ne conosco dozzine. Si dividono fra il supino silenzio dei consumatori pesanti di televisione, ed esposizioni aggressive delle proprie opinioni come fossero verità originali.

Sanno poco, ma sono certi che non c'è altro da sapere.

A forza di non guardare, decennio dopo decennio, hanno la vista atrofizzata, riescono a vedere soltanto ciò che è stato guardato da altri (il mondo in televisione), e lo vedono senza guardarlo.

Dico questo non per spaventarti, lo dico perché sono certa che bisogna incominciare presto, a cercare le nicchie segrete che la superficie della realtà visibile occulta.

Niente è banale per chi non è banale.

Non c'è ripetizione per chi riesce a crescere ogni giorno, per chi non si accontenta di se stesso e, instancabile, ritocca, corregge, amplia, mette a punto, azzarda, scopre.

Bisogna essere irrequieti, forzare i limiti della percezione, a ogni cosa o fatto, a ogni donna o uomo, concedere, sempre, testardamente, pur se sembra non ne valga la pena, il diritto a un secondo sguardo, più attento, più profondo.

Bisogna guardarsi vivere, come si fosse i personaggi di un quadro, con l'evidenza, la piccola epica del cinematografo.

Ogni passo, ogni minimo evento, ogni dettaglio è il passo, l'evento, il dettaglio di una storia che si può raccontare. Bisogna eliminare le fratture, le divisioni, in tempi pieni e tempi vuoti, in vacanze e fatiche. Bisogna viverlo con un certo fervore il tempo, come fosse tutto utile, tutto buono, tutto necessario.

C'è un ritmo ininterrotto, un flusso, che avvolge i minuti e gli anni, bisogna lasciarsi trasportare dolcemente, non opporre altra resistenza che uno stato perpetuo di allerta, quel manifesto stupore che stacca le figure dallo sfondo.

Scusami, tesoro, mi sono lasciata trasportare. Il fatto è che, vedi, ho soltanto me stessa da proporti, come ti ho detto già, non ho più altro, non un mondo, una tradizione, non più un'ideologia, non una ragione, una fede, un dogma.

Certi miei momenti di felicità, il modo in cui li ottengo, è tutto qui quello che posso darti.

Trucchi, in fondo. Lo so e lo riconosco.

La musica, ad esempio, ne ascolto molta, è un sottofondo che ad altri pare ossessionante, io ne faccio un uso smodato, me ne accorgo. Lo faccio perché conferisce, la musica, una solennità che altrimenti non avrebbero a quei giorni qualunque, sai, quelli come tutti gli altri, che sono, in fondo, i miei preferiti. Le occasioni speciali mi mettono in ansia. Mi piace trasformare in un'occasione speciale un qualunque momento.

Quand'eri piccolo, ti ricordi?, ti facevo un «galo» tutti i giorni. Erano cose piccolissime. Una pallina, un lecca-lecca, un niente.

Volevo dirti: ogni giorno può essere una festa.

E tu capivi: non sei mai stato capriccioso, infatti.

Non ricordo di te neppure un capriccio consumista.

Ho un po' di nostalgia, per la facilità con cui sapevo farti felice, se proprio devo essere sincera, perdendo in eleganza del discorso. La mia presenza ti riempiva gli occhi.

Una canzoncina ti incantava.

(Ti ricordi quelle scatologiche? Parossismi di contagiosa allegria.)

Baci carezze solletico morsicotti pizzichi rotoloni sul letto pernacchiette con la mia bocca affondata nelle tue eccedenze di pancino... ogni gioco del corpo, ogni gioco, ogni fusione, in ogni momento di veglia, era seguito immediatamente dal miracolo di vedere sul tuo viso la gioia.

Ora la relazione fra noi si è complicata.

Quello che resta intatto è il mio bisogno, più di un bisogno, un desiderio necessario, di darti gioia, di saperti felice.

Per questo ti racconto i miei imbrogli.

Svuoto per te la mia gerla, ti espongo il campionario, il catalogo degli espedienti e delle convinzioni che ne giustificano l'abuso.

La musica.

Il cinema.

Ti è mai capitato, uscendo dal cinema, di camminare con altra baldanza di quando sei entrato?

Hai visto una vita duplicata, la tua appare arricchita da echi misteriosi, da affascinanti assonanze con l'eroina o l'eroe. La prima frase che dirai, dopo aver taciuto, ascoltando dialoghi, avrà una forma più consistente, più stile e seduzione, sarà una frase pensata, un po' scritta, per un attimo ti sembrerà una frase degna di durata, capace di sfuggire alla volatilità delle scialbe comunicazioni orali. Il cinema...

Ma soprattutto i libri.

I libri sono scrigni preziosi, puoi attingere alla intelligenza degli altri, di chi li ha scritti, servirti dei loro trucchi, godere disperazioni e soluzioni, ritrovare, per la tua vita, l'ossatura di una storia.

(Niente come raccontare storie è in grado di liberarti dall'ossessione del tempo. Dalla morte.)

Nei libri puoi rispecchiarti e puoi divergere da te, dimenticarti. Puoi entrare in contatto, come in una complicata figura di danza, con la memoria del mondo. Passato e presente. Qui e altrove. Puoi ridurre le distanze, dello spazio e del tempo.

Un libro è un sostegno al tuo sguardo, lo raffina e lo fa potente, lo allena, lo stuzzica, gli tira la volata. Un libro è il prodotto dell'attenzione di un altro, un altro essere umano, un uomo, una donna, vivo o morto, morto da secoli magari, ma sicuramente un campione dello sguardo, un record-man dell'attenzione.

Se posso concedermi ancora due righe da mamma, vorrei cedere a un'accorata raccomandazione: non uscire mai di casa senza un libro in tasca.

Si tratta senz'altro di una variante adulto/adolescente del più celebre «mettiti la maglietta», santificato dalla consuetudine delle nostre infanzie. Non metterti la maglietta, se non stai congelando o se ti piace congelare in pace, ma mettiti un libro in tasca, per favore!

IX

FELICI E SCONTENTI

Ti ricordi come finivano le nostre fiabe? E vissero felici e contenti, almeno fino a giovedì.

Cent'anni. Per sempre. Non ci siamo mai sbilanciati.

Da qui al duemila, è già parecchio.

Felici e contenti, poi, non è, come sembra, una tautologia.

Felici è una tendenza, una sorta di amore per la vita, una costante. Contenti è un accidente, può succedere, succede, ma succede anche il contrario.

E vissero felici e scontenti.

Dovessi applicare una formula sintetica alle giravolte della mia giovinezza, sarebbe senz'altro quella.

Essere felice era la conclamata vocazione. La scontentezza era la liturgia.

Essere esigenti: con se stessi, con gli altri.

Essere a disagio, sentirsi strani, sentirsi diversi.

Sentire l'ingiustizia, come un fastidio, un impedimento all'armonia. Sentire il privilegio quasi come un peso, un obbligo ad acquisire meriti.

Felici e scontenti. Scontenti anche di essere felici.

Tuo nonno mi ossessionava con una parabola, pur avendo con il vangelo il distratto rapporto degli agnostici.

C'erano questi tre tizi che avevano avuto ciascuno un certo numero di talenti (abilità, doti, salute, bellezza... qualunque cosa costituisca nella vita un potente vantaggio è un «talento»), uno li spende in leggerezza, un altro li conserva in economia e non li tocca, certo di essere il più virtuoso. Il terzo, più accorto ed esigente con se stesso, li fa fruttare.

Io dovevo fare come il terzo.

Dovevo duplicare e triplicare per ringraziare del dono, secondo l'etica dell'ottimizzazione, l'anima onesta del capitalismo.

Non essere avara, non essere prodiga e fatua. Trasformare un regalo in capitale, la vita in lavoro.

Lavorare.

Principi, conficcati a martellate, a commento dei risultati di scuola, a polemica politica dopo, principi che erano in continuità con l'altro secolo, con quello che gli diceva suo padre, principi nati nell'ottocento, al tempo della rivoluzione industriale.

Le magnifiche sorti e progressive.

Un coro angelico.

E naturalmente c'era l'accorata celebrazione del sacrificio.

Come un'ideologia.

Non c'era felicità senza privazione. Se non sei stanco non apprezzi il riposo. Calza le scarpe strette e potrai toglierle.

La felicità è un meccanico sollievo.

È il patimento la sola anticamera possibile a un godimento breve e momentaneo.

Essere stanchi certe volte si poteva: in vista della vetta, se avevi camminato. Altre volte era escluso, per essere stanchi ci voleva un buon motivo.

E il dovere?

Quante volte l'ho sentita, questa parola chiave, che soverchiava tutte le altre, e comminava pene, elargiva approvazioni, nel tribunale domestico, davanti al solo altare, quello del peso dei talenti, dei doverosi investimenti, del dovere di farli fruttare.

«Hai fatto soltanto il tuo dovere.»

(In occasione di buoni risultati scolastici, impreviste collaborazioni domestiche, azioni generose.)

«Non hai fatto il tuo dovere.»

(In occasione di lassismi vari: eccesso di chiacchiera al telefono, alzarsi tardi, non sbrigare i compiti subito dopo pranzo.)

Il dovere era un dio malevolo, non sopportava dilazioni.

Andava compiuto sempre prima di qualunque altra azione, era come un biglietto che dovevi pagare per avere accesso ai piaceri della vita, cioè qualunque azione, fosse intrapresa al solo scopo della soddisfazione corporale, del godimento, lontana da utilità pubbliche o private.

Come in un training di ginnastica per allievi di livello «avanzato» si diffidava di ciò che non costava sforzo, se il muscolo non bruciava, si insinuava il sospetto che l'esercizio non fosse eseguito correttamente, forzando le proprie capacità atletiche fino al limite estremo, l'unico interessante.

Ogni giorno, idealmente, era prescritto di aumentare le dosi.

Faticare, forzare, impegnarsi, un punto in più, un'ora in più, ancora un po' più forte...

Ti ho spaventato?

Scusami, non volevo.

Ma neanche posso dirti «rilassati». Non è più vero niente. Io non sono così. Tu hai come madre me e non tuo nonno.

Se ti aspetti anche sul tema del sacrificio e del dovere una totale inversione di rotta, sono costretta a deluderti.

È la sola continuità non interrotta, nella complessa trama delle contrapposizioni con mio padre.

Ti confesserò che ci ho provato (non a lungo e senza troppa convinzione) a liberarmi dell'armatura pesante della mia educazione.

Mi è andata bene (e a te di conseguenza) con il sacrificio in versione femminile-materna, l'ho fatto secco con un colpo di granata, sacrificarsi per i figli, per il marito, per i parenti, per il gatto. Tutta quella tiritera imbastita per far sentire in colpa gli altri e ottenere il loro disagio come una moneta appagante bisogni primordiali di far pena... tutto cancellato, superato.

Se mi nego qualcosa per te, se qualcosa mi sono negata, è perché ti amo, e l'amore non contiene, del sacrificio, il gusto amaro.

Con tutto il resto, però, mi è andata male.

E a te di conseguenza.

Credo ancora, con consapevole tensione, nella parabola dei talenti.

Credo che il privilegio obblighi a qualcosa.

Credo che non possa vantare diritti chi non si dà doveri.

Non ho saputo ottenere dall'età adulta neppure un dubbio sulla necessità di sacrificarsi per se stessi.

In vista di un «io» migliore.

Si tratti di imparare a scrivere o a suonare il pianoforte, a giocare a tennis o al pallone, si tratti di imparare il greco o a riconoscere i propri errori, a ballare, a guardare, a camminare eretti, a rispettare o a farsi rispettare, tutto richiede il sacrificio di un piacere, di un riposo, la messa in mora della Santa Pigrizia, dell'indolenza.

Sai, tesoro, dall'alto dei miei parecchi anni posso dirtelo: appena si smette di migliorare, si incomincia – impercettibilmente – a peggiorare.

Non si può stare fermi, non esiste, come per gli aeroplani in cielo, la possibilità di non spingersi avanti, si precipita all'arresto dei motori, se il viaggio non è ancora finito, se ancora non si è toccata terra.

Rileggendo le righe precedenti, mi sono vergognata un pochino.

Lo so, sembro un curato di campagna. Il «predicozzo», forma retorica che trovavo stucchevole da bambina e ancora adesso mi dà il voltastomaco, il predicozzo, alla fin fine, è arrivato.

Consideralo un sacrificio per amore, sacrificio di buon gusto e di stile, originalità, tatto, *understatement*, per metterti al riparo da uno dei Grandi Rischi che corre la tua generazione: l'assenza di tensione.

Quelli che avranno vent'anni nel duemila, e li avranno nei paesi del benessere (non importa quanto fragile di inganni e sortilegi) vivono un tempo facile e distratto. Un tempo laico, se non sono religiosi, destituito dal sacro che comportavano le ideologie del novecento, recentemente decretate fuori corso.

Vivono senza l'assillo di far bene.

Di far qualcosa, che non abbia il proprio beneficio immediato, a fine unico, a scopo esclusivo.

Sono stati bambini negli anni in cui il consumismo preparava il terreno alla grande delusione del presente.

Anni in cui il danaro, vestito di una pompa improvvisa, su cui nessuno amava interrogarsi troppo, prendeva il posto del valore, del bene, del pensiero, perfino dell'aspirazione a quella forma semplice di felicità che è l'omeostasi, assenza tendenziale di squilibri.

Sono stati bambini negli anni in cui possedere molto denaro e mostrarlo sotto forma di oggetti e privilegi escludenti, faceva le veci, addirittura, della nobiltà, forniva patenti di discutibile aristocrazia.

Sono stati bambini ipernutriti, ben vestiti, attrezzati per il tempo libero da dosi massicce di regali. Oggetti per bambini. Privilegi obbligati dalla proposta inesauribile del mercato, volatili come soddisfazione, subito lasciati, essendo il possederli lo scopo, giocarci quasi subito noioso.

Hanno avuto accesso alla televisione dalla culla. Una passività sfrenata, incoraggiata da chi avrebbe dovuto regolarla.

Hanno avuto gli occhi pieni d'immagini, la falsa onnipotenza del telecomando, non per selezionare, ma per cambiare ininterrottamente, nella giostra irrequieta di chi non sa aspettare per ascoltare la fine di una storia, distratto perfino nel modo di consumare distrazioni, annoiato di divertirsi, satollo di svaghi, appesantito.

Sul limite appena dell'età scolare, da schermo a schermo, hanno iniziato a pendolare, fra la vecchia tivù da prima infanzia e il computer, già da grandicelli.

Immagini ancora, ma stilizzate, finte, grafiche. Disegni, non persone. Non volti umani, fossero anche quelli improbabili di *Beautiful*, ma pupazzetti saltellanti, primitivi nei lineamenti, chiassosi di colori, privi radicalmente del dono inutile della parola, sonori di elettronici segnali.

La mano, dal telecomando, coi suoi pulsanti per scappare, passa ad afferrare la leva detta joystick, intraducibile in italiano, e la alza e la abbassa e sposta il *mouse* per raggiungere obiettivi militari e schiaccia e spara.

La vittoria è calcolata in piccole esplosioni.

Centrato. Frantumato. Morto.

Come in un perpetuo cartone animato, si può soltanto vincere o essere disintegrati, la morte si ricompone dopo l'allegro boato.

Si vince a ripetizione e facilmente.

Senza pathos, né tempo per apprendere strategie da vincitori.

Ciascuno gioca contro la macchina, vince da solo, perde da solo.

Non c'è squadra.

Non solidarietà né patti.

Tutto si svolge in casa.

Quelli che avranno vent'anni nel duemila sono la prima generazione che videogioca in casa, quelli che vent'anni li hanno adesso, nel corso dell'infanzia dovevano almeno spostarsi, uscire di casa, andare al bar, in sala giochi, pagare per giocare. Pagare riduceva il numero di ore da trascorrere davanti allo schermo, a divertirsi disintegrando paperi, affondando portaerei.

Non c'era ancora un computer in ogni camera da letto di ragazzo. Né nel 60 per cento delle camere da letto delle ragazzine (ancora differenze di genere? Sì. Alle femmine dura più a lungo l'amore per le storie, più a lungo resistono le fantasie di mamma e figlia a mezzo bambole, di love story con Barbie e Big Jim. Ma, prima o dopo, approdano al videogioco anche loro. Game boy. Game girl).

Quando andavano a giocare in sala giochi, i ragazzi che hanno vent'anni adesso, almeno vedevano il vicino di schermo, lo sentivano gridare se perdeva, esultare all'obiettivo colpito.

Forse confrontavano i record l'uno con l'altro.

Non era certo il campetto da pallone annesso alla parrocchia, non era il ping pong della Casa del Popolo, ma era pur sempre un luogo, dove convergevano i simili per consumare divertimenti affini.

Era prima della dittatura della camera da letto, produttrice di adolescenti tendenzialmente invisibili e dimenticabili, ciascuno seduto su una sedia o sgabello, gli occhi fissi, la carnagione illividita dalla luce azzurrina dello schermo, carcerati volontari.

Prima che i giochi di simulazione, la realtà virtuale, riducessero la spinta a sperimentare di persona meno standardizzate emozioni.

Presto la televisione avrà cinquecento canali. È già un progetto concreto in America.

Saranno necessari quarantacinque minuti per visionare, per prendere un assaggio, in ogni momento, di ogni programma.

Tanto durerà il gioco di informarsi con il telecomando.

I telegiocatori della camera da letto che oggi hanno tredici anni, nel duemila avranno tremila canali.

I loro figli non andranno a scuola.

Ciascuno nella sua celletta, col terminale-maestra, avrà libero accesso al poco o molto che si dovrà studiare.

Niente voti, pagelle o giudizi.

Errato, sarà la bocciatura elettronica. Riprova. Esatto, sarà la promozione.

Forse l'amico del cuore non lo vedranno in faccia, collegato, come la fidanzata, in videotel, forse il servizio sarà più completo e mostrerà in effigie il conversatore telematico, permetterà uno scambio di sorrisi.

L'amore avrà luogo a distanza, depurato del contatto fisico?

Quelli che avranno vent'anni nel duemila, nel duemila e venti, a quarant'anni, che cosa racconteranno ai loro figli?

Se ne avranno, se saranno di carne?

Se non saranno figli virtuali, simulazioni dell'amore materno.

Quale sarà la continuità, la regola che resta, il collegamento orale, fra questo secolo di fine millennio e il secolo di inizio del prossimo?

Il poco che ho potuto trattenere, del sistema di valori di mio padre, il poco che rimane delle mie molte idee di giovinezza, qualcosa, almeno – una convinzione, una parola, una raccomandazione... passerà da mio figlio a suo figlio?

Perché questo senso di improvvisa fragilità della catena?

È la generazione di mio figlio il primo anello debole? O è già stata debole la mia? Perché questo senso di affacciarsi sul niente, questa vertigine? È sempre stato così?

È la sindrome del figlio che cresce, effetto collaterale non grave della maturità, oppure si tratta del tempo che viviamo, scorcio di fine corsa, superstizione di apocalisse?

Scusami, parlavo praticamente fra me, ti avevo un po' dimenticato.

Anche le madri – non te l'ho mai nascosto – sono soggette a paura.

A confusione.

Non siamo stati generosi in questo senso. Il regalo che abbiamo ricevuto noi, non abbiamo saputo farvelo: siamo stati cresciuti, almeno fino a tredici anni, nella convinzione che papà e mamma fossero incrollabilmente certi di ciò che dicevano.

Erano, come dici tu, «comandini». Autoritari. Scassapalle, come abbiamo detto dopo, come forse noi siamo riusciti a non essere. Erano rigidi, senza dubbi, precettistici.

Ma, almeno apparentemente, erano forti.

E questa apparenza che ci hanno regalato, ci ha permesso di crescere sentendoci eroi, vessilliferi del nuovo, curatori fallimentari del passato.

Oggi, che siamo noi i «grandi», ci additiamo l'un l'altro piccole mostruosità o grandi errori.

Sparliamo davanti a voi, sparliamo di noi, del mondo.

Ci facciamo beffe delle convinzioni di ieri.

Risatine. Testine rifatte all'hennè che tentennano, sarcastiche, ostentando repulsioni sovrumane.

«Non ci credo più,» è la frase.

«Abbiamo già dato,» una versione più ironica.

Già dato che cosa? Energia, ideologia, speranza, allegria, fatica, volontà, sogno, ipotesi di utopia, fiducia?

Sai, certe volte guardo allo specchio la generazione di ex combattenti cui appartengo, e sono colpita a sangue da certe rimature involontarie: gli adulti che abbiamo detestato, anche loro, si beffavano della fiducia, dell'utopia, del sogno.

«Non ci credo più.»

«Abbiamo già dato.»

Dunque è così inevitabile che la maturità prenda la forma della contemplazione del già dato, già visto, già immatricolato e archiviato?

Che razza di superiorità è quella di non inventarsi più niente?

Che razza di messaggio, che viatico, possono porgere ai loro figli, adulti sicuri soltanto dei loro dubbi, ma incapaci di dubitare delle vecchie regressive certezze dei «non ci credo più», degli «abbiamo già dato»?

«Non c'è più niente da fare.»

Che lezione di merda!

Prima di chiudere il becco, voglio confermartelo: non è

vero niente. Nessuno sa, di quelli che credono di sapere. Tutto è ancora possibile.

Perfino essere giusti, perfino essere buoni.

Le macchine che usi con tanta soddisfazione manifesta – computer, televisione – tendono a restringere il mondo, non ad allargarlo.

Riducono la percezione del reale a mazzi di ripetizioni, giocano di stereotipi.

Come una sterminata catena di visioni precucinate e di rapida consumazione, rendono il mondo omologo. Supermercati, industria della distribuzione dei ricordi, hotel a quattro stelle, categoria turistica, inganni in serie, serie finita di sensazioni che si ripetono, ogni quattro meridiani, ogni due stagioni.

Il mondo si stende al di là delle sue mediocri rappresentazioni.

Va', per favore, di persona a guardarlo, non ti accontentare dei resoconti trasmessi, delle opinioni correnti, dei pacchetti tutto compreso, anche l'emozione proposta come adeguato corredo.

Viaggia. Anche senza andare lontano. Trenta chilometri o un milione non è questo l'importante. L'importante è il bagaglio: alleggerire l'Io, aprire gli occhi.

Viaggia anche, se riesci, dentro di te e dentro gli altri.

Come un cacciatore di teste in viaggio di piacere, puoi ascoltare, decifrare, regalare la tua attenzione agli altri. Renderti prezioso. Perfino farli felici. Parlare, capire.

Non avere fretta di condannare, di instaurare confronti, fra il tuo passo leggero e il passo pesante degli altri.

Pensa molto, giudica poco. L'analisi è una bella ginnastica, l'ipervalutazione un bisogno dei deboli. Quelli che sulla disamina puntigliosa delle manchevolezze universali o particolari costruiscono le loro autoassoluzioni.

Meglio essere severi con se stessi, e generosi col resto del mondo. La severità è preziosa.

E tu non puoi contare sulla severità degli altri.

Neppure io, nonostane i miei sforzi, sono riuscita a esserti severa. Avrei voluto, però non ce l'ho fatta.

Indole, formazione culturale o appartenenza di genere?

È perché sono madre, perché sono cresciuta antiautoritaria o perché sono io?

Chi lo sa. Sappi che mi dispiace, qualunque sia la causa scatenante, di non averti mai chiesto sacrifici, di non averti imposto altro che leggerissimi balzelli, roba da niente, consigli, inviti a coltivare le tue nascoste vocazioni.

Mi dispiace di non esserti stata severa, perché, prima o poi, ti toccherà impartirti da solo qualche faticosa lezione, dirti dei no, criticarti. E ho il sospetto che sia più difficile, per chi, come te e come tanti altri della tua generazione, non ha ricevuto la prima dose nell'infanzia, sopportare il sapore della severità, quella autoinflitta, la più necessaria, la peggiore.

Mi guardi compunto.

Appena appena preoccupato. Serio.

Ti devo interrogare apertamente, non basta carezzarti con quegli sguardi emozionati e un po' solenni con cui ho atteso, attenta, i nostri tronconi di dialogo.

«Allora, che ne pensi...»

«Della faccenda della severità? Magari è vero. Dovrò. Capace che mi tocca. Però... »

«Però?»

«Però è meglio così.»

«Così come?»

«Così che non sei stata severa. Sai che palle, una madre severa. Non troverai un solo tipo della mia età che si sogni una madre severa.»

«E chi ce l'ha, per disgrazia, una madre severa.? O magari... come capitava nell'antichità, addirittura un padre? Che cosa fa? La sgozza? Si butta dalla finestra?»

«Non lo so. Non ne conosco. Conosco gente che con la madre ci litiga di più, ma non conosco gente con i genitori più severi. Urlano, ma poi gli danno sempre tutto quello che vogliono. Sempre. Vammi a prendere una fetta di luna, e quelli vanno. Anche più di te.»

Questa volta sono io che inalbero un sorrisino enigmatico e cambio stanza. Inaspettatamente, tu mi segui.

«Insomma, che cosa devo fare? Imparare a bastonarmi da solo?»

«Non mi dire che vuoi un consiglio... non ci posso credere.»

«Non voglio un consiglio. Voglio qualcosa di più sostanzioso.»

«Qualcosa di più sostanzioso.» Che cosa: la tavola dei dieci comandamenti? Guarda che la legge è «nel nome del padre», non della madre. Non scherziamo... Trasgredire fino a questo punto, anche se ridi, sono tutta un tremore... Non oso, non posso permettermi. Neppure per gioco.

Insisti, ti godi i miei timidi tormenti.

«E dài, mamma, tanto nessuno ci sente...»

E va bene. Eccoti servito.

Primo comandamento materno per un figlio cresciuto.

Sii generoso. Confronta le persone tra loro, non con astratti modelli di bellezza di giustizia o di genio.

Sii severo con te stesso, sottoponiti ogni giorno a esami pignoli: oggi sono stato migliore di ieri? (Potrebbe essere il secondo comandamento, ma non ne sono sicura.)

Comandamento sicuramente terzo, in quanto allegramente esagerato: sii un santo, nei limiti concessi dalla tua natura.

È dei santi il massimo dei divertimenti mondani: provocare il bene di qualcuno. Farlo felice. Dare.

Che cos'è quella faccetta da aspirante dissacratore.

Si può essere santi anche soltanto un pochino.

Lo sei stato anche tu, la scorsa estate.

Eravamo insieme a Parigi, ti ricordi?

Siamo andati a vedere *Germania anno zero* di Roberto Rossellini.

È un film straordinario e terribile.

Racconta di un ragazzino di dodici anni, nella Germania dell'immediato dopoguerra, nella disperazione di una povertà totale. Il ragazzino ha un padre infermo, un fratello costretto a vivere nascosto per motivi politici, una sorella costretta a mantenere tutti, accettando qualunque condizione.

Il padre, cui devono essere riservati i pochi cibi nutrienti a causa della malattia, invoca spesso la morte ad alta voce. Potessi finire finalmente di vivere, dice, voi sareste sgravati dal mio peso e io dal dolore di pesarvi. La vita, ormai, mi è solo pena.

Dio, come vorrei morire.

Il ragazzino lo ascolta.

Gli vuole bene e gli crede. Come i figli credono ai padri. Come i bambini credono ai grandi.

E una sera lo avvelena. Lo uccide. Per amore. Per esaudirlo.

Perché gli ha creduto. E forse anche per calcolo. Forse anche perché la sua innocenza non ha retto la contaminazione della fame, della lotta per la sopravvivenza, della scoperta della realtà.

Era pomeriggio, uno di quei pomeriggi d'agosto così luminosi che non riescono a finire, te lo ricordi?

Quando siamo usciti dal cinema, io ero senza fiato, senza parole.

Avevo pianto, più di quanto sia normale e auspicabile piangere al cinema.

Il ragazzino aveva ucciso suo padre e poi se stesso, per la terribile solitudine di aver ucciso, per questo piangevo.

Ma soprattutto perché erano state le parole del padre, a precipitarlo in quella spirale di colpa e di dolore.

Il fatto di averle ascoltate.

Indifeso. Ancora incapace di sopportare il male. Ancora

incapace di distinguere quanta menzogna è annidata nelle parole. Nelle parole dei grandi. Insomma, ero fuori di me.

Volevo farti quelle domande che sempre ti faccio quando usciamo dal cinema: ti è piaciuto, che ne dici, preferisci Rossellini o De Sica...? Volevo. E non riuscivo a tirar fuori una parola.

Tu mi hai guardata.

Mi hai presa per mano, in un gesto di gentile protezione.

Poi mi hai detto: «Vieni, su, non rimanere lì piantata».

E mi hai offerto un gelato.

«In quale nascondiglio del cuore»
di Lidia Ravera

Questo volume è stato impresso
nel mese di settembre dell'anno 1993
presso lo Stabilimento Nuova Stampa di Mondadori – Cles (TN)
Stampato in Italia – Printed in Italy